AQUARIUS

AQUARIUS

Catcher

一如《麥田捕手》的主角，
我們站在危險的崖邊，
抓住每一個跑向懸崖的孩子。
Catcher，是對孩子的一生守護。

李尉成老師 著
我的孩子們！

謹以此書獻給我的母親

謝謝您一路以來的教養和支持
因為有您　所以我們這些孩子堅強　獨立　幸福
希望此刻正與病魔搏鬥的您
也能用著遺傳給我們的堅毅不撓　勇敢抗戰
要相信我們可以一起走過黑暗　看見黎明
也請記得　我們真的真的好愛您

【推薦序一】

真實且全心的陪伴

李崇建（作家、台灣青少年教育協進會理事長）

寶瓶出版社捎來信息，邀請我為尉成的教育書寫序。我雖不認識尉成，卻相當樂意接下這個工作。

在價值多元紛呈的年代，層出不窮的教育問題，常讓人感到手足無措，現行教育制度也常讓教師感到無奈。我所認為的解決之道，應是所有關心教育的人士，分享成功與挫折的經驗，藉此互相勉勵，豐富討論的思維，涵養寬闊的視野與胸襟，才有機會走出新的教育大道。

我閱讀了尉成老師的書，也有很多體悟與思索，彷彿重溫初當教師的心境，重新經驗這些教育課題，在不同層次上思索自己的應對策略，並且欣賞作者的坦誠與熱情。

《我的孩子們！》一書，讓我想起六十一屆坎城影展金棕櫚獎的電影《我和我的小鬼們》（The Class），我曾經推薦所有教師觀賞這部教育電影。電影並非塑造一名有魅力的教師，帶領孩子們走向康莊大道，而是描述時時充滿無力感的教師，仍認真盡職的教學。

片中透過師生間犀利尖銳、針鋒相對的精采對話，還有層出不窮的教育問題，讓觀眾思索僵化的制度下，師生間最真實的互動。當電影落幕，觀眾的思緒才逐漸被翻攪，咀嚼電影中呈現的諸多細節，在無力中感到一種真切的美麗。

《我的孩子們！》也給我類似的體驗。作者尉成並不是一位萬能保母，也不是一位麻辣教師，面對孩子的諸多問題，作者也不一定有標準答案。尤其在現行教育制度的不足，如此多特殊狀況的孩子與喪失功能的家庭，教師面對的挑戰無比艱鉅。但當我看到作者坦言自己的無力，不避諱談論自己的逃避，卻仍然在崗位上付出心力，不計較成敗得失，便讓我感到一種真切的美麗，想推薦給教育崗位的工作者。

看書裡面的各個孩子們：中度智能障礙的大同、功課一塌糊塗的金水、過動和注意力不集中的歐買尬、發音咬字有問題的小萍、理解力不佳的瑄瑄、不要上學的小諭、總是讓人感到挫折的凱偉與偉偉……。

一個教師只要遇到其中一個孩子，想認真帶領孩子們走上坦途，便覺得心力交瘁，何況是那麼多孩子的問題？而這樣的教育面貌，卻又經常在台灣各個小學真實上演，尉成正是一一面對這樣的課題。

其中最令我印象深刻的師生互動，是尉成用大篇幅書寫的兩個孩子：凱偉與偉偉。兩個孩子都在尉成老師當替代役時，交會出一段教育的火花，留下感人的歷程。凱偉是一個被視為特殊狀況的孩子，學習總是落後，口語表達不清，記憶力相當短暫……，我們不妨思索，如何面對這樣的孩子？他被校方安排到圖書館讓尉成單獨帶領，卻只會嚎啕大哭，讓人不知所措。

尉成的紀錄很細膩，除了孩子和一般學童的學習差異，連孩子的個性也觀察入微，比如：「他雖然口齒不清，可是他很討厭說話時你裝懂。」「但如果你能誠實的告訴他你不懂，請他再說一次，他會不厭其煩的一次又一次的回答你，並且修正說話的速度和力道，只求讓你聽懂。」「他雖然沒辦法記住知識性的東西，卻可以連名帶姓的記住全班同學的名字。」「他可以將許多動作模仿得唯妙唯肖。」「從凱偉拒絕去辦公室的前庭，觀察到孩子對教師的眼光很敏感。」……這些紀錄對我而言，相當珍貴。一個真實且敏感的孩子，活生生在書中呈現。

作者雖是一個初入教育的青年，在摸索著教育的答案的同時，卻留下師生間最可愛的內涵。但這些互動與觀察，卻往往正是教育最可貴之處，因為導向的目標，是身為一個人最純真的信念，而不是趨向功利主義的解決某種問題而已，也不是導向成為成功教師的指標。

在帶領凱偉期間，也有尉成坦誠的自白，表達自己有時深怕凱偉赴約，因為身為教師有時也會厭煩，也會不知所措，甚至也想逃避。這樣真誠的自白，恐怕很多教師會心有戚戚焉，因為教師也是人，也會挫折沮喪，只是教師被賦予了太多責任，而忽略了教師也是活生生的個人。

另一個孩子偉偉，並非特殊孩子，卻是一般學校裡面常見，容易被忽略的學生：行為有些許偏差，學業成績並不理想。尉成老師在書中，呈現對偉偉各個階段的陪伴，從小二的初相識，到小五再續師生緣分，直到送偉偉離開學校。

可貴的是，尉成老師並非提供大眾具體的方法，聚焦在幫助偉偉走過困難，而是將陪伴的狀況與心路歷程呈現，即使環境有些艱難，尉成老師並不批判，或徒嘆無奈，反而將所有努力過後的悲歡喜樂細細記存，讓人參與了偉偉成長的酸甜苦澀，也參與了一位教師最內在的心靈軌跡，而深深感動。

尉成在這本記實的教育書，面對各種樣貌的孩子，並非以解決問題為目標，而是真實且全心的陪伴，應會引來很多辛勤的前線教師的共鳴，也會有不少啟發與思索！

我期待尉成老師有更多教學歷程的分享，也期待所有教師分享屬於自己的教學歷程。

【推薦序二】

一個喜歡流浪的教師

陳清圳（華南國小校長）

一個喜歡流浪的教師、一位喜歡學生的大男孩。

這是李尉成，初看到他時，覺得有點特別。因為粗獷的外型下，講話卻是斯斯文文，跟他熟稔了以後，才知道他喜歡流浪，喜歡在偏遠地區的小學教書。

就是這種個性，他不斷找尋學校，一所換過一所，經常換學校不代表他不認真，相對的，他每到一所學校，就與那所學校建立起深厚的情感，從他與學生的對話、從他執教後的每一所學校都希望他回校幫忙。

因為這樣的熱忱，讓尉成教書過程留下精采的故事。這些故事沒有掉書袋的大道理，也沒有令人作嘔的教育訓誨。因為他內在的真，所以看得出來他與學生之間的真情流露；因為他思考的善，因此他可以容忍每一位學生不同的狀況，這是教育中最欠缺的事，也是身為一位教師需要的特質。

這樣的故事，彙集成《我的孩子們！》一書。透過蔚成自己婉轉道來，生動活潑的故事，躍然紙上。

放手，讓孩子的個別生命展現光芒。每一位孩子都有獨特的潛質，教育現場通常講求平等、講求紀律，不知扼殺了多少的孩子的創造力。記得在他的書中提到一段話：「把裁判權交給孩子，由他們自己面對自己。」這就是放手的策略，老師如果事事進逼，孩子通常只能按照老師的指示完成。一個好老師要懂得應用策略，讓教書這件事，不只是老師的事，而是全班一起需要完成的目標。

另外，我們也可以看到蔚成細心體貼的特質，讓班級經營變得有趣。老師不能只是教書，對於每一位孩子的特質，必須有不同的對待方式。教書不是讓孩子朝向大人設定的目標，而是發現孩子的內在潛質，用合理的方式，誘發孩子的學習興趣，逐步讓孩子的潛質發展出來。因此，細心、善於觀察的特質與等待體貼的心，是班級經營的重要精神。

沒有一個孩子是不能教的，蔚成在他的班級中，我可以看到孩子的組成歧異度相當高。讓每一個孩子有成就感，這必須在班級經營中不斷被看到、被思考，我想這不是口號，因蔚成正在實踐中。

教育的現場，有一個終極目標，我們期待孩子有自主的能力。要孩子自主，必須能夠看到孩子有學習的渴望、生活的信心、生命的喜悅、創新的勇氣。跳脫課堂的屏障，其實就是打開孩子的另一扇窗。尉成帶孩子去爬山、溯溪，帶孩子集體創作，一起跟孩子閱讀，協助孩子與自己對話。逐漸的，孩子的眼中開始閃爍，這道孩子自我設限的藩籬、這道被傳統文化束縛的枷鎖，鬆綁脫落。

尉成老師是我們學校的代理教師，這樣的身分，其實已經在他內心裡形成一股壓力。在台灣或許短期間無法解決這種現象，但是尉成可以詮釋一位代理教師散發出來的光與熱，只要願意，可以滿腔的熱忱，不斷在教育場域實踐。

若是說流浪是想要找到心中理想定居的地方，那這定居的地方其實已在你心中。

目錄

卷三 其實孩子都想變好

卷四 看見被隱藏的優秀

卷一

讓孩子學會為自己學習

我也想幫忙

「老師，等一下，可以等我把眼淚擦乾嗎？」呈諺一邊用力擦著眼淚，一邊說。

明白這孩子愛面子的心態，我對他說：「嗯，沒關係，你慢慢來，老師幫你擋著。」

芳如到辦公室告訴我：「老師，呈諺瞪亞亞，把亞亞弄哭了！」

呈諺是班上考試的常勝軍，既乖巧又懂事，從不跟同學發生爭執，真要挑缺點，只有對班上的事務較缺乏主動關心，所以當芳如這樣說時，我以為只是像他們平常的嬉鬧而已。

趁著剛好要下樓，於是去看看兩人的情形。

亞亞早已停止哭泣，跟好朋友在教室說說笑笑。呈諺則跑到司令台跟大家一起玩陀螺。

我對呈諺招了招手，待他走近我身旁後，我勾著他的肩膀，邊走邊聊。原以為是小事，沒想到最後，卻讓我一時之間，不知如何安撫這孩子。

同理孩子的心

呈諺瞪亞亞的原因，是因為亞亞幫我搬作業到辦公室。他說：「為什麼亞亞總是可以幫老師搬，我也想搬啊！」

娓娓說出想法的呈諺，落下了我第一次看到的眼淚，接著他甩開我扶在他肩膀的手，拒絕我的安撫。

這時上課鐘聲響了，我與呈諺師生兩人對峙在跑道上。我沉默了一下，整理了自己的想法。

「老師剛來的時候，每次要請同學幫忙，不管搬作業、發作業，還是一些打掃工作，你們總是跑光光，當時只有亞亞總是會主動過來幫老師，有時還搬兩趟，老師心裡是很感謝亞亞的。

「最近你們長大了，懂事了，當老師有事，需要人幫忙時，總是一大堆人搶著要幫老師做，這點老師很高興。

「可是如果因為幫老師的人多了，老師就不再給亞亞幫忙的機會，換成是你的話，你會怎麼想？」

我停頓了一下，等待呈諺的思考。

「你一定會很難過，認為老師不再需要我的幫忙了，不再讓我幫他的忙了！這樣有點像是大人說的忘恩負義，自己不再辛苦後，就忘了原本幫助過你的人，這種人很不應該。

「你以前其實也是跑掉的人，現在你願意主動幫忙，老師很高興。今天老師沒注意到你也想幫忙，老師跟你道歉。下次老師會先請你幫忙，好嗎？」

呈諺默默地點點頭，雖然眼淚還流著，但看來心情和緩不少。

「老師也必須告訴你，老師不想當忘恩負義的人，所以老師還是會讓亞亞一直幫下去，這點，你可以了解嗎？」

呈諺又默默的點點頭。終於，我放心了不少。

「好囉！不哭，上課好久了，你該進教室囉！」我伸手幫他擦擦眼淚，這孩子不再閃躲，證明他不再抗拒我。

「老師，等一下，可以等我把眼淚擦乾嗎？」呈諺一邊用力擦著眼淚，一邊說。

明白這孩子愛面子的心態，我對他說：「嗯，沒關係，你慢慢來，老師幫你擋著。」

處理完畢後，呈諺告訴我他要進教室了。

當他跑到教室前時，我喊了他一聲：「呈諺！」

他停住腳步回頭看我。

「按照規定，你犯錯，老師必須扣你的磁鐵喔！」

「好！」輕輕地回答完後，呈諺就轉頭回教室了。

再給孩子一次機會

那天過後，每次當我喊：「老師需要幾個人幫我一下」時，我都會格外的注意呈諺是否有舉手，或前來想幫忙。

沒來，是的，他再也沒有主動想幫忙過。

不曉得是他誤解了我的意思，以為我不會讓他幫，只會讓亞亞幫？還是那天過後，他想幫忙的心已經被澆熄？

救。

觀察了幾天之後，我決定試一試。因為我必須知道他的想法，才能做下一步的補救。

中午，當手腳快的孩子已經盛好飯菜時，我問：「老師需要幾個人幫忙發一下回家的功課。」一瞬間許多小手筆直的高高舉起，眼睛睜大的一直看著我，期待著我能點中他的名字。

我的視線掃過一遍，最後落在亞亞和呈諺的方向。

理所當然的，亞亞依舊笑著，高高舉手，而位在亞亞前方的呈諺卻視若無睹的忙著自己的事。

我開始一一點名，每點一個，我就注意呈諺一次，沒想到他真的無動於衷。

當剩下最後一個名額時，我決定出招了。

「呈諺，」這孩子突然露出一副意外的表情看著我。

「來幫忙發一下作業。」

「我嗎？」看得出來他有點難以置信。

「對啊！」我看著他，給他一個肯定的眼神。

突然，這孩子露出很燦爛的笑容，三步併做兩步，飛奔到我面前，開心的抱走最後一疊功課。

原來他還是想幫忙，只是從他意外的表情看來，或許他以為老師忘了他，或不太會給他機會。

孩子相較於我們總是單純的，但單純的他們其實在成長，於是他們的心思也慢慢複雜了起來。有時自己一忽略，某些負面的想法就在他們心裡悄悄扎根，但一個老師要如何同時照顧這麼多孩子的心，對我而言，真的是挑戰，也是學問啊！

平日負面行為較多的小雨，即使當天被我糾正過言行，也臉不紅氣不喘的走到我面前，領走貼紙，幫自己貼滿三個「讚」。

我要當下糾正嗎？我不是真的不糾正，我在等待一個契機、一個模範。

自己當裁判

十五位孩子，比起自己前一班足足少了一半，我以為會遠比前一班來得輕鬆，卻沒想到開學後隨著和孩子們越來越熟悉，孩子的問題一一浮現。

在觀察孩子們一個月後，發現這班孩子大多數的通病是脾氣不好、習慣罵髒話、一件小事就大聲嚷嚷、不論對同學或是老師總缺乏尊重，抱怨聲更是接連不斷，只是當我感受到這些問題太嚴重時，因為我一開始的輕忽，而早已錯過建立班級常規的黃金期。

孩子常規不佳的情形嚴重到干擾隔壁班級，即使在同事介入，甚至校長都出動的情形下，行為改善還是有限，最後落得的下場是整班隔離，換到一間前後都無班級的教室。

就在我招數用盡、挫折滿滿時，校長給了我一個建議：不如帶孩子們去爬山吧。給他們一個期限，努力改善負面行為，達到標準的，才可以和大家一起去爬山。

在幾番思考後，我決定先透露校長有意帶他們去爬山的消息，讓孩子欣賞暑假時，我和別的孩子們爬北峰的照片，藉此試探孩子們的意願。

只見這群孩子們個個興高采烈，期待得不得了，於是我和校長約定好爬山日期，也擬定一套遊戲規則。

每天要做到三件事

我在教室後面貼起一張大表格，橫軸是到出發爬山前的所有日期，縱軸是孩子們的名字。表格上，**我將期待孩子改進的行為整理成每天要做到的三件事：我不生氣、我會好好說話（不說髒話、不大聲咆哮）、我懂尊重（有禮貌、不抱怨）**。

每天放學前，我們會來審視大家一天的行為，每做到一項，就可以貼上一張「讚」的貼紙，直到出發前，必須集滿五十張，才有資格參加。

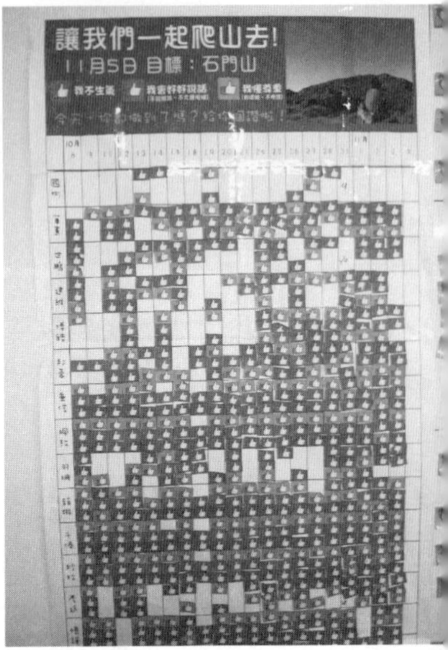

實施後的第一天放學前，問題立刻浮現。

愛抱怨的孩子認為由我當裁判不公平，沒通過的孩子認為我偏心，也質疑我沒隨時跟著他們，又怎能確認誰是真的做到？

孩子的態度固然需要調整，但所質疑的卻有幾分道理，於是我決定將裁判權交給孩子們自己。

每天放學前，我帶著孩子們閉眼安靜回想自己一天的言行，確認自己有沒有做到三項要求，也由他們親手幫自己在表格上貼上「讚」。

但這樣的做法，在我心中，有另一個隱憂。

等待一個契機、一個模範

果然，孩子們也沒讓我「失望」，第三天，就出現我所擔心的事情。

平日負面行為較多的小雨，眼看著品行良好的同學可以天天貼滿三個「讚」，在心裡不是滋味的情形下，開始欺騙自己，即使當天被我親自糾正過言行，也還是臉不紅氣不喘地走到我面前，領走貼紙，幫自己貼滿三個「讚」。

我要當下糾正嗎？在發生第一次的那一剎那，我最後選擇放小雨通行，其他孩子都沒發現嗎？當然也有人發現，也因此往後幾天仿效小雨的人越來越多。

但我不是真的不糾正，我在等待一個契機、一個模範。

因為**一開始我就告訴孩子們，我相信他們，所以把裁判權交給他們自己**，也因為相信他們，所以我不會去干預他們的裁判結果。

一個禮拜後，機會來了！

接連兩天，每當大家在貼「讚」時，我都看見婷婷默默地坐在位置上。放學後，我抓住可以和她獨處說話的機會，我問了她原因。

原來這兩天下課，當她和同學在外玩遊戲時，都忍不住和同學爭吵，過程裡，三項要求都沒做到，所以不敢去貼「讚」。

隔天，貼貼紙的時刻來臨，在請孩子閉眼回想前，我將婷婷的事說出來，和大家分享。

我大力誇讚婷婷的誠實，雖然這些下課時和同學不愉快的事，老師都不知情，但她卻勇於承認，更棒的是她沒欺騙自己，也沒為了要貼「讚」，而讓自己多了說謊的壞習慣，老師很感動。

楷模的出現，當天立刻起了作用。

常常會為了貼「讚」，而欺騙我的狀況立刻少了很多。孩子們也出現每當說了髒話或生氣時，都會主動跑來告解，告訴我，他今天哪個項目不能貼，甚至部分孩子把對自己的標準提高了。

有時我心裡覺得還可以接受或原諒時，他們卻堅持自己的規定。

雖然心疼，但我卻樂見孩子提高對自己的期待。

這樣的遊戲規則隨著時間的推進，我開始感受到成效。

孩子因為重視，所以會在平時努力提醒自己，於是班級常規改善了，班級氣氛也和緩許多。想當然耳，在出發前，大部分的孩子都達到了標準。

然而，還是有孩子沒達到標準。

孩子想出的「補償計畫」

為了此事，校長特地問問我的看法，是該皆大歡喜，都讓他們去？還是該建立威信，不能去就是不能去？

我的心裡其實是希望孩子們都去，這樣的機會難得，尤其這還是大部分孩子的第一次爬山，只是我不希望因為這樣，就無條件同意他們參加，因為其他孩子的努力豈不是不值得了？

出發前一個禮拜，為了解決這件事，我想了好久，最後我決定把這件事交給孩子自己處理。

他們可以當自己的裁判，相信也可以幫自己想出解決的方法。

我將沒有達到目標的五個孩子叫來跟前，告知他們「讚」的數量不夠，無法參加活動，但如果他們心裡很想參加，就請自己思考出一個我認可的「補償計畫」，然後在出發前完成。

此話一出，一開始覺得麻煩的孩子口是心非的說不能去就算了，反正他也沒很想去，直到阿碩成了開路先鋒，不斷提出想法和我討論，最後也得到我的認同，另外四個孩子才開始振奮跟進。

拜他們所賜，那一個禮拜，我們的教室內外超級乾淨，氣氛更加和樂啊！

即使發燒，也不缺席

到現在，我都還記得出發前一天，當五個孩子完成最後一次補償計畫，聽到我嘴裡說出同意他們參加登山時，那興奮激動的模樣令我忍不住都笑了起來，也因此當五個人當中的賜仔當晚發燒，隔天一早，拖著生病的身軀，硬要母親帶他到集合地點時，我沒有責怪他半句，反而很心疼，因為我懂得他對這次活動的期待和努力，如果無法參加，他一定非常難過、失望。

還好，當初**把裁判權交還給孩子，由他們自己面對自己**。我少了不公平的質疑，孩子則開始主動的提醒自己改善言行。

那次登山過後，我和孩子們的關係有了新的進展，我開始期待和他們之間有許多更棒的可能。

第三十三位同學——星願娃娃

這時，有孩子問：「老師，我可以把壓歲錢都捐出來嗎？」

我告訴孩子們不可以。

一上課，告訴孩子們要安靜，因為有很重要的事情要跟大家說，於是馬上鴉雀無聲，這一招一直都很有效。

「我們班有幾個人？」

「三十二個！」孩子們大聲的回答。

「今天開始，我們會變成三十三個，因為來了個轉學生喔！」

「真的嗎？」

「在哪裡？」

「在這裡。」我指著手上的紙袋說。

我告訴孩子，裡面的同學叫做星願娃娃。二〇〇一年出生，現在是七歲。孩子們問七歲怎麼可以讀我們班。

我說星願雖然只有七歲，可是他做了很多你們還做不到的事。在星願和大家見面前，我希望孩子先回答我一個問題。

我問大家：「覺得自己很可憐的請舉手。」

「我很可憐耶！我有一次腳踏車停在路邊，結果被風吹進水溝裡。」立揚說。

「我每天都要來上學，好可憐喔！」勝騰說。

「我覺得自己好可憐，每天都要寫功課。」偉勝說。

「我好可憐，因為每天玩電腦都只能玩五分鐘。」家宏說。

理所當然，這些答案都惹得孩子哄堂大笑。

懂得自己的幸福

沒有對孩子的回答下任何評論，我直接發下從家扶網站上複製下的兩個個案。小美和小文，一女一男，家暴、不受父母貼心照顧的孩子。

我期待孩子讀完文章後，能懂得自己和很多孩子比起來，已經很幸福了。意外的，孩子們非常專注在這兩個故事裡。

每當我解釋文章的細節時，從孩子的表情，我可以感受他們情緒的變化。原本格外專注、安靜的孩子們，臉上也已經失去一開始歡樂的氣氛。

連平日上課讓我頭痛的孩子，都願意靜靜地舉手好幾分鐘，只為了等我點他，讓他問關於這兩個孩子的問題。

談完個案後，我讓星願娃娃正式和孩子見面。

我可以把壓歲錢都捐出來嗎？

可愛的娃娃讓孩子們終於又露出屬於他們的天真情緒。

「老師，星願娃娃是存錢筒嗎？」育瑋問。

「是的，星願娃娃的工作就是存錢，幫助像小美他們這樣的小朋友。根據統計，台灣平均每八天會有一個小朋友死於被大人虐待，每五十二分鐘就有一個小朋友受到虐待。星願到現在七歲了，總共幫助快一萬個這樣的小朋友。」

和孩子們聊了一下，我們捐給星願的錢會使用在哪裡之後。突然孩子問我：「老師，星願娃娃為什麼不會笑？」

「因為雖然星願很努力在幫助這些需要幫助的小朋友，可是星願不知道要到什麼時候，才有辦法讓全世界都不再有被虐待的小朋友。」

這不是設計者的設計理念，只是我一時想出的說法，我希望讓孩子們更能體會到做這件事的意義。

這時，有孩子問：「老師，我可以把壓歲錢都捐出來嗎？」

我告訴孩子們不可以。

你們還沒有工作的能力，所以老師不是要你們捐很多錢。**老師希望的是，在每天的生活裡，偶爾你有剩下的零錢，哪怕是一元、五元，如果不影響你的生活下，可以拿來幫助這些小朋友。**

愛心不分價值，一元、十元一樣偉大，即使你現在沒有錢可以捐，也沒關係，重點是老師希望你們要保有這份愛心，要記住這世界上有很多需要大家去關心的小朋友，未來如果你們遇見了這樣的同學，**去關心他、照顧他比錢更重要**。

老師也希望你如果要捐超過十元，一定要先讓家長知道，畢竟你的錢是爸媽辛苦賺來的。

眼看快下課，突然又有孩子問：「老師，星願會一直跟我們一起上課嗎？」

三十二份濃濃的大愛巧克力

聽到這問題時，我停頓了一下，因為孩子們總以為四年級或許還是我教，總以為我會一直待在這所學校，也許該藉這個機會暗示孩子們。

「星願娃娃至少會跟你們把這學期讀完。四年級時，如果你們的新老師願意收留他，老師就會把他留下。但如果不行，老師就會帶他到老師的下一個班級去上課。」

「老師，那如果四年級，你和星願娃娃都沒有在我們班，我們可以跑到你們班去投錢嗎？」

「當然可以。」

「那……老師如果你不在這裡教書了呢？」

「嗯……那就沒辦法了。」突然覺得有支箭射在我心上。

下課後，孩子們一哄而上，許多孩子手裡握著一個銅板。

大方的孩子，直接了當就投進去，害羞的孩子，藉口想看看星願娃娃，在摸著頭的同時，悄悄地將錢投入。我站在一旁，感動的向每個孩子說謝謝。

這是一堂超乎我預期的課，這也應該是我上的課裡，孩子們最專注的一堂。這堂課越上到尾聲，我越感到自己也不由自主的熱了起來，那是一種對孩子們的感動。

單純年幼的他們，情緒思考也相對直接簡單，不管是對個案的感同身受，還是願意付出的愛心，抑或是對彼此未來的想像，都直接得讓我一陣熱。

而我希望傳達給孩子，哪怕我們生活不豐厚，但對人付出關心，幫助比我們更困難的人，我一直認為是下一代最需要學習的事。

上這堂課時正值情人節，在這天，我收到三十二份小情人濃濃的大愛巧克力。

星願的後座力

每天早上，當我一出現在教室，就會有幾個孩子跑來問我：「老師，星願怎麼還沒來上學？」

而他們的手裡，都緊握著一枚錢幣。

一個星願娃娃在我每天的生活裡，創造了許多感動和前所未有的體驗，如今快滿一個月，每天還是會發生與星願有關的小故事。

孩子們要求，讓星願每節課輪流到他們的座位上，和他們一起上課。和星願一起上課的孩子，有的會一直幫他擦身體，有的會一手緊緊摟著他上課，有的下課時，會偷偷地跟星願說個不停。

每天早上，當我出現在教室，就會有幾個孩子跑來問我：「老師，星願怎麼還沒來上學？」他們的手裡，都緊握著一枚錢幣。

勝騰抱來自己的撲滿。他告訴我，想把撲滿裡的錢都投進星願裡。

當別班的老師或學生問起「星願」到底是做什麼的，孩子們總會急著搶在我之前先回答。

有些孩子沒有零用錢……

我每天會準備幾個銅板，讓沒有零用錢的孩子幫我投。能有機會把錢投入星願裡，孩子們都很開心。

有些家長，聽了孩子的分享，隔天馬上叫孩子帶了錢來投給星願。

有個家長託我幫她用她三個孩子的名字認養了三個星願，她讓孩子們一人一個。她說要**讓孩子學著用自己的力量去幫助別人**。

現在孩子撿到錢，總會很高興的來問我：「老師，我可以投進星願裡嗎？」

孩子們生氣的跟我說：「老師！你不可以抓星願的耳朵，他會痛耶！」

老師知道錯了，下次不敢了！

當我告訴孩子榮譽卡的圖案改成星願後，居然全班歡聲雷動！

瑜君說：「老師，星願越來越胖了耶！我們以後每天幫他量體重好不好？」好點子！星願的成長紀錄表，也是你們的愛心成長紀錄表。等第一個月結算後，我們就開始。

來幫我代課的老師沒把星願收在平常的位置，找不到星願，讓孩子們擔心了起來。每節下課，總有人會來問我，找到星願了沒，讓原本不緊張的我，也緊張了起來。

星願啊，繼續發揮你的後座力吧！我很期待看見你和孩子們，創造出更多感動的故事！

我討厭數學

現在想起那段陪著小草媽媽調適的時間，好像在玩諜對諜。每當小考考卷發下的當天，我總要趕在放學前打個電話給小草媽媽，通知她小草小考的表現，好讓她做好心理準備，避免看到時突然不知所措。

剛接下這個班級時，因為對所有孩子還不了解，所以一開始幾乎所有的作業訂正，都不敢放手讓孩子互相指導，尤其是數學。雖然知道由自己一對一會很耗時間，但至少我可以確認每個孩子的狀況，也了解他們的程度。

輪到小草時，明明剛剛看到她在後面的隊伍裡，還跟同學有說有笑，現在卻一臉拘謹。

看了她的兩頁數學作業，很明顯的，學習效果不好。我決定帶她從基本的題目訂正起。

狂冒汗的女孩

過程中，小草念題目的音量小到我幾乎要讀唇語。對於我的提問，她總不開口回答，甚至連點頭或搖頭都不太願意，而且沒想到才訂正幾題，這孩子已經一頭汗，瀏海和鬢角都濕了，臉上的汗水也不斷滴落。

望著眼前的畫面，我心想著，這孩子怎麼了。是我長得太兇嗎？我承認不笑時，確實孩子們都還滿怕的，但整個過程，我確信自己非常和顏悅色，所以是我們還不熟悉，導致她很緊張嗎？

看著小草表情越來越僵硬，對於我的問題又不願意回應。我只好請她先回去訂正一半的題目後，等等再來完成後半部。

但這樣的情況，並沒有隨著我和孩子們逐漸熟悉而改善。每次訂正數學時，小草都是這樣緊張到狂冒汗，對我的提問也始終沉默。

一段時間後，有次中午放學，小草的媽媽來接她，趁著小草和弟弟在一旁玩耍，我和媽媽有了第一次的深談。

孩子討厭數學的原因

我才知道這孩子原來討厭數學，主因是來自於媽媽教導的態度。

媽媽說她每天都會陪孩子做功課，可是每次遇到數學時，總會教到自己火冒三丈。她不懂有些明明很簡單的問題，孩子為什麼就是不會。當重複教了幾次，孩子還是不懂時，她就會情緒失控，大聲嚴厲斥責小草。

但其實小草平時和媽媽感情很好，她們無話不談，所以有幾次氣氛融洽的母女對談時，小草都告訴媽媽：「我討厭數學！」

這下我終於明白，這孩子訂正數學時，為什麼會有那樣的神情了。

她怕回答不對，老師會生氣，她怕她的不懂，也會從老師那裡得到一樣的責罵。

我告訴媽媽這樣不行，三年級的數學是在打基礎，現在沒有學好，等到了高年級，許多艱深的題目，就更別希望孩子能理解。

小草現在就討厭數學，無疑是宣告之後的數學都放棄了。

陪孩子做功課的關鍵

陪孩子做功課其實是很棒的親子互動，扣掉發脾氣的部分，孩子在這過程裡可以感受到你的關心，即使你只是默默坐在一旁陪他們。而且願意陪孩子做作業的家長其實很難得，我們應該給予他們肯定。

於是我請小草媽媽繼續陪孩子寫功課，不過**在教數學時如果發現自己情緒上來了，就請先停下來離開，緩和一下。如果還願意繼續指導孩子，請等不生氣了才繼續。**

如果不知道還有什麼方法可以讓孩子懂，就先停下來，請孩子隔天到學校來問我。如果孩子不敢也沒關係，請你幫我圈起來，等改作業看到時，我會請她過來，繼續指導她。

這樣的做法，是希望可以改變孩子的態度，希望讓小草可以從討厭數學到接受數學。

分數上或許不會有快速的進展，但我相信當孩子的態度改變，當她不再排斥時，自然在學習上會有進步。

在家長和我的互相配合下，小草的態度慢慢有了轉變。

建立孩子信心的方法

面對我的提問，開始有了回應，來我面前接受指導時，也漸漸地不再冷汗直流，但我知道這樣還不夠，接下來還需要幫小草建立信心，讓她相信自己也可以把數學學好。

解鈴還須繫鈴人，小草討厭數學來自於媽媽的失望，所以要建立小草的信心，我想最好的增強，就是來自媽媽的肯定。

我再度請媽媽幫忙，當孩子每次小考後，如果成績退步了，就裝作不在乎。若孩子真問起了，就說**成績是你自己該負責**，該生氣或難過的不應該是我；若進步了，哪怕是小小的幾分，也請大力的稱讚她，讓她感受到媽媽的認同。

現在想起那段陪著小草媽媽調適的時間，好像在玩諜對諜。每當小考考卷發下的當天，我總要趕在放學前，打個電話給媽媽，通知她小草小考的表現，好讓她做好心理準備，避免看到時突然不知所措。

小草的進步就在我帶班的一年裡，她以自己的速度慢慢前進，雖然不快，雖然偶爾會有停滯不前的瓶頸，可是隨著她在我面前笑的時間變多、來問數學時不再冷汗直流，我知道她至少不再那麼抗拒學習了。

我離開前的最後一次月考，小草的數學因為一題的粗心大意，而錯失拿下九十分的機會。我一度猶豫是否要放寬扣分標準，給予她一個漂亮的成績。幾經思考後，我放棄了。

這孩子從一年前的六、七十分進步到如今的表現，已經相當不容易，但粗心大意是自己該要負責的，就留給她一個讓自己更進步的原因吧！

最完美的親師配合

能與家長這樣一起為孩子的學習而合作其實很難得，更讓我感動的是家長當時並沒有因為我是代課老師而抱著保留的態度，反而願意接受我的想法，一起努力。即使孩子的進步沒有立竿見影，依舊耐著性子與我配合。

孩子的學習其實受到大人的態度影響許多。正向、積極的肯定，會讓他們更勇於面對挫折，過多負面的言語和諷刺，只會讓他們更逃避、更不愛自己。

仔細回想自己的求學時代，你是否也曾有過類似的經驗，至少我的經驗很多，所以我從不希望孩子跟我一樣有不愉快的陰影。

如果你願意陪孩子做功課，請堅持；如果孩子一時的不理解，讓你火冒三丈，請暫

我一定要去爬山

圍巾氣沖沖的進到教室。我來不及問，這孩子就心有不甘的講個不停：

「老師，校長又規定我們六年級想去的，要寫下自己爬山時可以幫忙什麼，寫不好的就不能去。這樣也不行去，那樣也不行去。以前都不用，為什麼這次這麼麻煩？校長根本就是故意刁難我！」

圍巾是六年級的孩子。我第一次對他留下印象是暑假，那也是我來到這所學校，第一次陪孩子們去爬山。

身為小隊長之一的圍巾，打從一到目的地下車，就盡責、細心的幫隊員檢查裝備。沿途上貼心的照顧、關心隊員的模樣，很難不吸引我的目光。

當時我以為這是個成熟懂事的孩子，所以才能有這樣的表現。

經過同事的描述，才知道圍巾是三年級轉學來的，轉學的原因是因為在原本的學校幾乎天天打架鬧事。

從打架鬧事到盡責的小隊長

剛轉過來的時候，圍巾的情況並沒有改善，他每天還是讓老師很頭痛，不過在學校師長的努力和活潑的課程影響下，這孩子的品行慢慢變好。

如今已經六年級的他，平時是個調皮的小男生，偶爾犯點小錯，但一旦有任務或外出學習，他就搖身一變，成為盡責的好幫手和小隊長。

在幾次爬山的過程裡，我漸漸和這孩子熟稔起來。有次爬山時圍巾知道我吃素，還貼心地幫我準備素食飯糰當午餐。

到了下學期，這孩子幾乎每天下課都往我的教室跑，有時跟我輕鬆的分享生活中的事，有時和我及我的學生們在教室裡嬉鬧、打成一片。

因為看見這孩子的好，所以後來每週三的中午，當我看見他和社團成員在教室裡胡鬧時，我開始把他兜來身邊，教他寫功課，我希望可以在學業上幫助他。

從一開始的抗拒，到最後，這孩子每次時間一到，就會拉張椅子坐在我旁邊，開始寫功課。

轉眼之間，這孩子即將畢業。畢業前夕，校長規劃放暑假前的最後一次登山活動。消息剛發布時，一下課，圍巾就很開心的跑來找我，問我會不會去。

他說他一定要去，因為這是他在學校的最後一次爬山，他要好好把握。

沒想到才沒幾天，因為座位有限，校長提出規定，想參加的孩子需要通過體能、熟知高山植物、良好品行等三關的考試。

聽到這消息的圍巾雖然有點微詞，卻還是保持一貫的樂觀。

爬山需要的「資格」

出發那禮拜的星期二，早上我找校長確認高山植物圖鑑時。校長跟我聊到六年級最近表現不佳，不太想讓他們輕易就參加，尤其是圍巾，他最近態度不佳、問題不斷。

我自告奮勇地告訴校長，我會提醒圍巾。

圍巾下課跑來找我時，我轉述校長對他的看法。提醒他這幾天要收斂不好的行為、別犯錯，以免喪失爬山的資格。圍巾表情明顯的失落，但還是勉強的跟我應聲好。

沒想到中午飯後，圍巾一副氣沖沖的模樣進到教室。我都還來不及問，這孩子就心有不甘的講個不停：

「老師，校長又規定我們六年級想去的，要寫下自己爬山時可以幫忙什麼，寫不好的就不能去。這樣也不行去，那樣也不行去。以前都不用，為什麼這次這麼麻煩？校長根本就是故意刁難我！」

話一說完，這孩子將頭轉向左邊，不再說話。

一向好強的他已紅了眼眶，流著淚。

「校長不是故意刁難你，而是希望你們更成長。你們之前太幸福了，不管表現好不好，想去就可以。你看我們班，每次要去爬山前，都要經過一番努力才有機會。你們已經六年級了，如果仍只是開開心心的去爬山，那你們和這些經驗不足的學弟妹有什麼不同？所以校長希望你們幫助他們，因此你們要清楚知道自己可以做些什麼。」

「可是我就不會寫啊，又不知道要想什麼。算了，反正沒去也沒關係。」圍巾依舊一臉不悅、口是心非的說著。

「其實就是你當小隊長時做的事啊，只是角色從主導變成協助而已。老師對你的印象很好，就是從你當小隊長開始，你一直當得很好。你仔細想想從登山前到結束，你當小隊長時要注意哪些事，把這些事寫下來就對了。」

一邊說話，我一邊拉圍巾來我身旁坐下。

一問一答的細膩引導

我明白他文筆本來就弱，所以**我透過一問一答的方式，除了引導圍巾說出可以做哪些事，可以幫忙處理什麼狀況，也陪他透過說話方式，再整理一次，方便他回家時可以順利寫下。**

午休鐘響，這孩子起身準備回教室前，我提醒他，如果怕自己寫得不通順，明天早上來，我很樂意再幫他看過。

看著這孩子表情平淡的說好轉身離開。我心裡還是有些擔憂，怕這孩子因為這一點小關卡就放棄了。

當天放學後，我留在教室整理東西時，留下來上攜手計畫的圍巾藉尿遁經過教室時，遞給我一張紙。

原來這孩子已經利用時間，寫好校長要求的事情。

我真是低估這孩子的抗壓性了。高興之餘，也立刻動手幫他校稿。把草稿還給他後，我提醒他，回家要好好寫。字體工整整齊，看的人舒服，也才能相信你的誠懇。

隔天一早來，圍巾立刻跑進教室找我，他拿出聯絡簿，讓我看看他回家重新謄過的內容。

乾淨整齊的字跡，我忍不住直誇他。

升旗時，我和圍巾的導師交談，我問她看過圍巾的聯絡簿了嗎。她說看了，直說這是圍巾寫得最工整的一次。不論內容好不好，至少看得出這孩子的態度。她一定會讓圍巾參加爬山。

突破了這道關卡後，這孩子又恢復當初一定要去的企圖心。

重視孩子的「不會」

向來不擅長背東西的他，硬是在一個晚上背好四十種高山植物，並高分通過，最後也順利的通過校長其他的考驗，獲得去爬山的資格。

出發當天，圍巾和我坐在一起，一路上，他不斷和我說著他的興趣和未來的夢想。

看著笑容堆滿臉的圍巾，我在心裡默默祈禱，希望他往後遇到困難時，都能像這次這樣勇敢面對，因為在這還是很看重分數的台灣裡，不愛讀書的他，相信往後的旅途上，還會有很多關卡。

大人很不喜歡聽到孩子說「不會」，而且聽多了，莫名的一把火就上來，可是這把火會把原本就不會的孩子燒得更退縮。

孩子說「不會」其實是種求救，而大人要做的不是直接告訴他答案，是陪他去想、引導他去找，等他想出來、找到了，那就是多一分的成就和自信。久了，相信孩子就會更加堅強、更主動。

認真對待每一件事情

短短下課十分鐘的窗邊談話，似乎要補足我不在的兩年空白，但更棒的是填補起我們師生兩人互動間的一道裂縫。

「那你今天就不要再讓我看到你玩球！」

「好啊，不玩就不玩！」

這是今天早上升旗前，我和小羊最後劍拔弩張的對話。

三年前，來這所學校代課時，我接下我第一個帶班班級，當時雖然手忙腳亂，卻和孩子有了深厚的感情。後來一年的代課期滿，我不得不離開，但或許是老天爺聽見我想參加他們畢業典禮的願望，在他們升上六年級時，我再度來到這所學校代課。

再回來，雖然身分只是他們的科任老師，但因為他們對我而言有特殊的情感，讓我對他們的關注還是多了些。

小羊也是這班的學生，個性活潑好動，學習能力很好，是學校手球隊和樂隊的主要隊員，可惜只對自己有興趣的事物認真對待。

一個月前，小羊的右手受了傷，手腕上裹著膏藥，纏著繃帶。許多事大家都體諒他，讓他暫時不用處理。

隨著日子一天天過去，我越觀察這孩子，越覺得事有蹊蹺，不管是朝會樂隊的工作，還是每週固定的樂隊團練，這孩子總以手傷未癒為理由暫停，但下課和大家打樂樂棒、練習手球時，無論是大力投擲還是揮棒，卻看不出絲毫異狀。

我明白這孩子對樂隊沒有什麼熱忱，但**負責也是很重要的態度**。我決定出面提醒他。

師生風暴

星期四早上朝會鐘響後，我站在辦公室外，對著和樂隊同學一起下樓，卻空手的小羊喊：「小羊，去把小鼓拿下來。」

只見這孩子無動於衷，繼續和同學走到定位。

趁著全校師生還未到齊，我走過去想跟他談談，無論如何，今天都要他把小鼓帶下來。

「小羊，不是叫你把小鼓帶下來嗎？」

「我就手痛，怎麼打鼓？」

「手痛可以玩樂樂棒、打手球，輕輕的打小鼓卻不行？」

「就跟你說會痛啊！」

「怪了，投球就不痛，那你今天就不要再讓我看到你玩球！」

「好啊，不玩就不玩！」

只是短短幾句對話，沒想到我們師生兩人的氣氛，嚴重到怒目相視。

我抱著生氣又失望的心情走到一旁，久久不能平復。

因為希望他更好

第二節下課時間是學校固定的英語活動，我如往常陪孩子們一起學習。就在一個孩子挨在我身旁，要我教他念英文單字時，我的眼睛餘光看見小羊也在我身邊繞著，似乎不太好意思靠近，等靠近了，又若無其事的對我說了幾句沒意義的玩笑話。

對我而言，早上這件事很重要，我不想裝沒事，讓它過去，於是連正眼都沒瞧他一下，很快的，小羊只好默默地溜走了。

午飯過後，我陷入一時的兩難。小羊之前因為某些因素，導致美勞課的創作進度落後大家許多。我在前兩天的中午，利用午休時間，重新教他一遍，只是早上發生那件事，今天中午讓我有點想放棄了。

又想想，我的身分就是老師，責任就是要教導孩子，怎麼可以因為自己的情緒而放棄，於是**我決定把要不要繼續學習的事交給小羊自己**。

我在約好的時間，帶著教學的資料和材料到專科教室等他。如果他出現，我就繼續教他。

午休鐘響後，沒多久，小羊就出現了。看他笑笑地坐在我身旁，我只把他未完成的作品交給他，一句：「繼續」後。我沒再和他說話，只是默默地看著他創作的背影。

或許是因為他有出現，頓時一整個早上的憤怒都消散了，但還有一些情緒留在我的身體裡，那是一股失望，這孩子雖然讓許多老師有些頭痛，但和我之間互動一直很好。因為希望他更好，所以看見他用早上的態度和情緒對待我時，我很難過。

創作告一段落，眼看離下課還有些時間，我整理思緒後，想把握時間跟他聊聊。

把心底的真實感受告訴孩子

「老師這次回來，能陪你的時間就只剩這一年，我不想把這些時間拿來和你常常這樣臭臉相對。」

「嗯。」小羊靦腆的微笑答著。

「你反應很好，學習能力又好，不管是學業還是運動，都可以很明顯看出你的資質，可惜除了運動外，你的態度都不夠積極，像樂隊。」

「練樂隊很無聊啊！」這樣的答案雖然不意外，我卻覺得十分可惜。

「可是你的能力很好耶，好到連我都羨慕，一樣是打小鼓，別的同學是用手臂力量猛打，你卻能運用手腕輕巧的敲打，節奏又穩，別的老師也都有發現。」

「真的嗎？」小羊有點意外的問著我。

「真的啊，而且現在沒興趣，不代表以後你就會用不上，或不喜歡，老師就是小時候不認真，等長大想玩音樂時，才後悔很多基礎都沒學好。

「更何況**這還是你的工作，就算不喜歡，也該把自己的工作做好，直到你卸任的那天。**看見你為了手球和樂樂棒比賽而全力練習時，老師很感動，可惜你沒有把這份認真也用在其他地方。」

看著小羊沉默的看著桌面，隨著他沉默一會兒後，「試試看好嗎？」我輕輕地對他說。

語畢，剛好下課鐘響，怕小羊覺得我太嘮叨，於是和他把東西收好後，趕緊讓他離開，沒想到這孩子卻拉我到窗戶邊。

教室在二樓，從二樓的窗戶外可以看見小羊家的社區。他一一的告訴我他和同學的家在哪裡。有了清楚的位置後，他開始說著一些和同學在社區的趣事，說著我不在的這兩年家裡發生的一些事。

短短下課十分鐘的窗邊談話，似乎要補足我不在的兩年空白，但更棒的是填補起我們師生兩人互動間的一道裂縫。

下午第二節上課，當我帶著孩子路過禮堂，要去上電腦課時，樂隊正在禮堂裡團練。我往樂隊的後方望去，搜尋小羊的身影。

當我看見他再度擺出小鼓、拿起鼓棒，眼神專注的望著指導老師時，心裡一股溫暖流竄了全身。

星期一早上朝會時，走出辦公室，我看見小羊背好小鼓站在樂隊裡，就在他突然轉向我的方向時，四目相交的我們，同時給了對方一個微笑。一個只有我們懂的微笑。

卷二

獨特的「等待」哲學

老師，你可以不要走嗎？

結業式當天晚上，有家長來電，問我非得要走嗎？

我只好再次說明我的處境，經過一番懇談，掛電話前，那位家長問：「以後如果孩子有任何問題，還可以打電話來問你嗎？」

從上學期總是試著隱瞞自己是流浪老師的身分和任期，怕部分家長質疑我的能力，到這學期不想給孩子和家長過多的期待和想像，於是開學沒多久就決定開誠布公，也免得自己總被問得心虛。

卻也因為這樣，孩子和家長總會關心我的未來動向，然後我在生活裡就常有一些感動。

知道我只教到這學期後，偶有幾個家長會一直問我為何要離開，即使我已解釋過，還是會有家長再去詢問其他同事。

後來謠傳我要去台北教書，於是有家長會先問我為何不留下來教，然後又自己回答：「唉，這裡的孩子比較難教厚！」

下課時，育璋趴在我桌前的作業堆上，睜大眼睛，無辜的看著我：「老師，你可以不要走嗎？你不教我們沒關係，可以去教別班啊！」

沒多久，這樣的說詞也出現在綵伽的信上。

單純的孩子，總以為我是因為教他們太累，所以才要離開。

雯媛寫了封信說：「老師，謝謝您這麼用心的照顧我們，我一直很希望您可以留下來教我們，因為您每次發現自己在言行或上課的過程裡有不太對的地方時，即使是脾氣不好的人都不會生氣的小事，您都會跟我們說一聲對不起或抱歉，所以偷偷告訴您一個祕密喔……就是……做錯事能承認自己做錯的人，會讓人喜歡唷！要記住ㄛ！」

記得我們之間的承諾

結業式前一個禮拜，瑜君一直問我：「老師，結業式那天可以讓我帶『那個』嗎？」「哪個？」

「就那個啊！」

這樣的對話維持了幾天，有天她走到我面前，遞來了張紙條：「老師，結業式那天可以讓我帶相機嗎？」

乖孩子，還記得老師規定不准帶高科技產品到校。

我故意瞪大眼睛問她帶相機要做什麼，她靦腆的笑著說：「帶來拍你啊！」

因為渴望，所以寫下

結業式當天，因為暑假作業有作文，所以我發了新的作文簿下去，並要求他們當場將班級、座號、姓名寫好。

突然有孩子問：「老師，級任導師那一欄要不要寫？」

我笑著說：「不用啦，又不知道你們下一個老師是誰！」

「那可以寫你嗎？」

「寫我？你以為寫我下學期就會是我嗎？」

「對啊！哈哈哈……」全班哄堂大笑。

接著居然真的有幾個孩子寫了，還大剌剌的拿高讓我看。

感動的是，這些大部分是平常被我要求最嚴格的幾個，其中一個連自己的名字都不好好寫，更別說是我的，但這次不但把自己的班級、座號、姓名一筆一劃寫好，就連我的名字都寫得非常工整。

因為感動，更願意付出

結業式當天晚上，有家長來電，問我非得要走嗎？

我只好再次說明我的處境，經過一番懇談，掛電話前，那位家長問：「以後如果孩子有任何問題，還可以打電話來問你嗎？」

前些日子佑仲老師生日時，與我分享他生日當天，同事和孩子給他的一切驚喜，最後他對我這麼說：「老師真的是個很傻的職業，一點點的感動，換來掏心掏肺的付出。想一想，你是不是也是這樣？若是，你非當老師不可，因為我就是這樣，而且心甘情願。」

傻啊！當老師的原來都這麼傻嗎？

我好愛你

最後在嚴重干擾到隔壁班的教學下，學校無奈的將我們換了教室，一間前後都沒有其他班級的教室。

「怎麼辦？」這一年我常這樣問自己，下班時、出門時、走進教室前、看著賜仔時，我都不斷這樣和自己對話著。

開學第一天，一早當我帶著一貫忐忑的心走入教室時，一個壯碩的孩子已早我一步。一聲早安，開啟了我們師生的互動，賜仔成了這個班級我第一個認識的孩子。

這一天，他在我需要幫忙時，總立刻挺身而出。那時我從來沒想過，未來的十個月裡，這孩子將不斷考驗我的熱忱和耐性。

師生陌生的階段，是關係的甜蜜期，這段時間，孩子會收斂自己的偏差行為，但當甜蜜期結束，賜仔開始顯露出他個性裡偏差的那一塊。

賜仔學習能力很好，反應迅速，邏輯觀念很強，常識豐富，但他情緒的起伏很大、表現很極端。

心情好時熱心服務、關懷他人；心情不好時，在他眼裡，所有人都對不起他；至於心情不好的原因追本溯源，其實是太自我中心，不懂尊重別人，加上每每自己做了錯事，卻不願承認，甚至扭曲事實，變成是同學的錯，更讓人忍不住搖頭嘆息的，是每當才想好好陪他價值澄清、面對自己時，他早已惱羞成怒、火山爆發，毫無禮貌可言。

即使前方這人是老師，也毫不客氣大聲嚷嚷、髒話連篇，最後變成師生之間的針鋒相對。

全校總動員

每天不管上課，還是下課，隨時都會收到其他孩子的抱怨，被賜仔捉弄、辱罵、肢體傷害，幾乎所有想得到的負面行為，他都「貼心」的親自示範。期間曾有少數家長到校與賜仔溝通，都只期許這孩子能友愛同學。甚至為了他和另一個孩子——大同的管教問題，初期，全校的同仁都出動了。

當我上課時，沒課的同仁幾乎都戒備著。一旦教室裡開始傳出這兩個孩子的叫嚣聲，同仁會立刻把他們暫時帶走，就連校長都曾經坐進我的教室裡，只希望可以讓這兩個孩子靜下心來，可惜效果都是短暫的。

最後在嚴重干擾到隔壁班的教學下，學校無奈的將我們換了教室，一間前後都沒有其他班級的教室。

「怎麼辦？」這一年我常這樣問自己，下班時、出門時、走進教室前、看著賜仔時，我都不斷這樣和自己對話著。

我心裡感謝所有同仁的協助，但我明白最終需要靠的是自己。

點點滴滴的進步

身為孩子的導師，如果我不能有效的去帶領、改變孩子，這個班級將會每況愈下，於是我開始不斷的諮詢、看書，只求能帶著這孩子進步，就算是慢了點也沒關係。

一轉眼，下學期已過了三分之一，正當同事們開始告訴我覺得賜仔有進步時，我卻開始陷入焦慮，不是因為我沒察覺賜仔的進步，只是我急了。

賜仔的進步，我看在眼裡，但其實程度有限。我希望他可以在我一年代課任務結束前，改掉大部分的壞習慣。

在我將他交給下一位老師時，他可以和老師有很好的互動，而不用和我一樣，把時間花在很多不愉快的畫面裡。

其他同學的驚人成長

反倒是身邊的同學，在這一年因為賜仔的考驗，讓我看到他們的驚人成長。

從一開始的畏懼害怕，到勇於拒絕賜仔的欺負；從一開始全班明顯的排擠，到開始學會接納別人：沒人想和賜仔一起坐時，被他長期言語辱罵的小妮子自告奮勇願意和他坐；分組時常被他罵哭的餅乾大方的收留了他；被同學誤會時，小關公正的站出來證明賜仔的清白，即使他常被賜仔打頭；當賜仔需要幫忙時，常轉身伸出手的，都是總被捉弄到哭的文文。

看著這些孩子的懂事，我總不禁轉頭看著賜仔，心裡對他喊著：「你的進步，老師感受到了，但你能再加油，趕上大家的腳步嗎？」

時序進入了六月，暑假即將來臨，我和賜仔間還是不免會上演對峙的劇情，只是這孩子開始會在下課時，突然一把抱了過來，大聲喊：「老師，我好愛你喔！」

這時我總五味雜陳，因為有時明明上一節課，他才因為不服我的管教，而當著同學的面大罵我髒話，現在卻整個人占滿我的懷裡。

望著這個讓我費盡心神的孩子，除了也抱著他，我不知道該怎麼回應。

放暑假前最後一次換座位時，賜仔換到我的桌子左前方，於是科任課時，我常會默默地看著他上課的模樣。這孩子大部分時間都在東摸西摸，甚至有時課本直接蓋了起來，偶爾會轉頭過來想和我聊天，每每我小聲的提醒他，轉回去專心上課，總沒多久他又故態復萌。

這孩子看似無心上課，但常常被老師叫起來回答問題時又正確無誤，這時我總又自問：「你是如此聰明，老師為什麼卻沒有辦法帶著你，善用你的聰明？」

孩子動人的離別禮物

結業式當天，一如往常，賜仔還是第一個到教室，我是第二個，趁著沒人時，賜仔

遞給了我一個信封，交代我回家才能看。

中午孩子都回家後，我在教室裡慢慢拆著孩子給的信。拆到賜仔的信時，信裡這孩子這麼寫：

親愛的尉成老師：

謝謝你這一年教我和大家，雖然我沒什麼改變，而且每一天都還要闖禍出來給你添麻煩，可是只要相信，我一定會變更好！最後我要送你一樣我用心去做的東西。

祝

長命百歲

愛你的賜仔敬上

信中附上的，是一個拼豆作品，**上頭拼出的是我的姓氏「李」**。

這是他們這學期最後一個創作，**當其他同學做了自己喜歡的圖案，掛在書包或鉛筆盒上當裝飾時，他卻選擇做成送我的離別禮物**。

望著這封信和禮物，我心中的無奈和挫折滿溢而出。

為什麼我就是沒有辦法帶著有如此細膩心思的孩子往更好的方向去？

七月中，以前的同事玲華老師參加了一場由李崇建老師主講的研習，回來後她在臉書寫下感想：

> 用緩慢的心靈，更大的視野，看待孩子的成長。
>
> 每次教學遇到瓶頸時，我總會問自己是該堅持，還是放下？堅持自己的信念，老師很辛苦，而未來又有多少人會為他們堅持？放下，真的放得下嗎？
>
> 今天研習講師分享的這段話和例子，似乎給了我答案。
>
> 李崇建老師輔導一個孩子，這孩子在他的手上並沒有太大的改變，後來有事換別的老師接手，孩子後來慢慢變好，之後由新接手的老師口中得知，這孩子在作文中有提到他，及對他的感謝。
>
> 我想，或許我們的耳提面命，細心叮嚀，孩子當下沒有改變，或許做不到，但有一天隨著時間的成長，或許曾經的叮嚀都是有用的。今天研習講師分享的這段話和例子，似乎給了我答案。

看著這篇分享，我心中頓時輕鬆了些，要說是找到原諒自己的出口也行，這一年我努力做我能做的，我堅持我所堅持的，或許我們之間沒有寫下美滿的結局，但老師衷心祝福你，在遇見下一個老師時，那時你已更懂事，能跟著新老師的引導，和大家一起用著相同的速度，快樂的向未來前進，加油！

等待

剛入學時，我莫名其妙被同學選為班長，但由於數學成績總在四、五十分徘徊，所以被老師當著大家的面質疑：「當班長不是成績都很好嗎？你這樣怎麼跟人家當班長？」

至於發考卷時，常遠遠看著自己的考卷從老師手裡飄落到地面，自己再狼狽的撿起。

「等待」成為我的教育信念，是在我還是學生的時候。

在我國小畢業，準備升國中時，父親非常堅持私校才能給自己的孩子優秀的教育，於是我和大哥分別進入兩所當時聲望數一數二的私立中學。

只是不同於從小就表現非常優秀的大哥，進入私校就讀後，本來表現還算中等的我，在菁英匯聚的地方，表現只能勉強算是中下，於是不甚愉快的國中生活就此展開。

當時我的學科成績表現不佳，理科又比文科慘，尤其數學讓我前兩年根本抬不起頭來。

記憶最深刻的是剛入學時，自己莫名其妙的被同學選為班長，但由於數學成績總在四、五十分徘徊，所以被老師當著大家的面質疑：「當班長不是成績都很好嗎？你這樣怎麼跟人家當班長？」

至於發考卷時，遠遠看著自己的考卷從老師手裡飄落到地面，自己再狼狽的撿起。這樣的事，也習以為常。

兩次「開竅」體驗

國三時，課程進入一些作圖題和證明題，這些單元，同學上到哀鴻遍野，老師上到氣急敗壞，但沒想到，我卻覺得淺顯易懂，學得興致盎然。

我開始有跟同學討論的能力，甚至，開始有機會扮演指導同學的角色。

接著在月考時，我直接從過往及格邊緣大躍進，我竟然拿下接近滿分的成績。

別說老師和同學不相信我，連我自己都不相信自己。

但**這樣的改變，卻為我的學習帶來重大的影響。**

我開始喜歡算數學，我也開始享受把較難的題目解答出來的開心。慢慢地，連帶其他科目的成績也受到好的影響。

國中最後這一年的成績，雖稱不上頂尖，但讓我有了自信，更有了主動學習的動力，並且開始挑戰自己！

這是**我第一次懂什麼叫開竅，而且是用自己來說明。**

可惜好景不常，國中畢業上了五專後，由於學習開始進入專業的領域，適應力差的我，又再度重回學業表現不佳的深淵。

去除專業科目不談，共同科目的國文、數學和英文也是差強人意，尤其數學第一學期就被當掉了。

但當時因為有國中的經驗，雖然成績不好，我還是很認真去學，只是情況並沒有改善。

第二學期開學，數學進入新階段，我們開始學微積分。在一次的課堂檢討上，當看到大多數同學始終理不清頭緒，但我卻可以一路順暢的一一解題時，我知道我又突然開竅了。

那學期，我的數學又從被當掉大躍進到高分PASS。

接連兩次的體驗，讓我相信學習有「開竅」這件事。

有時孩子的學習成果不佳不是他不努力，只是那個困住他的障礙還沒突破，於是我們大人除了陪在一旁，最重要的是不要著急，要耐心等待。

但真正體現「等待」這信念，卻是在我成為美勞科任的那一年。

「等待」孩子突破學習障礙

在我成為美勞科任老師的那一年，比起一般被稱為主要科目的教學，我非常步步為營。

因為少了分數給孩子的競爭壓力，藝文科更是需要引起孩子們的興趣。我努力讓他們更主動投入，並看見豐碩的成果，因為一旦他們興趣缺缺、敷衍隨便，不管你花再多心思準備，一切都是白費。

為了引起孩子們對創作的興趣，除了盡量給予他們不同的學習經驗外，在每個孩子創作的過程裡，我都給予耐心的引導和不斷的鼓勵，然而多少還是會有幾個孩子融不進課程裡，不過我知道不用急，除了持續給予關注，我唯一需要做的，就是「等待」。

然後，我在幾個孩子身上看見「等待」的值得，其中有兩個孩子，最讓我印象深刻。

一甲的漢翔脾氣相當暴躁，常常一點小事或沒來由的就開始鬧彆扭，而且常遷怒到班上較弱勢的同學。

在上學期所有的課程裡，漢翔幾乎都沒有好好完成自己的作品，常常在作品剩三分之二時就開始爆發，放棄、亂做或開始干擾鄰座同學。

最嚴重的一次，是居然當著我的面把作品給撕了。

但這孩子在創作上其實相當大方，他下筆毫不遲疑，圖像能力也相當完整，而且動作又快。我始終不懂為何他總會在接近完成階段時，就失去耐心。

在發現鼓勵對這孩子似乎沒有太大的作用後，當他情緒一來，我開始選擇安靜接受他未完成的作品，至少這樣他的作品還是好的，至少他會在自己的位子上獨自將脾氣發洩完。

我不想用逼迫的方式讓他完成創作，那只會讓他更討厭上美勞課。

我開始等待，等待他開竅的那一刻。

下學期一開學的第一堂課，我帶孩子們認識梵谷，在介紹完梵谷的生平和作品後，我要孩子們用彩色黏土在紙板上，創作自己的向日葵。

有了上學期的經驗，對於漢翔，我只期待他完成創作。

下課鐘響，當我要收走作品，漢翔不但看起來已經完成了，而且還要我等他一下。

我很驚訝，沒想到這孩子在沒有人教導下，他在自己作品上方的空白處，用藍白兩色的黏土，混合捏出很有層次感的雲，那跳脫出

一般孩子的捏塑方式，令我眼睛為之一亮，我當場大大地讚揚他一番。

這孩子在這之後，雖然偶爾還是會耍脾氣，可是不論是學習態度，還是對創作的認真都漸入佳境，作品也總會完成，差別只在於精緻和粗糙之分。

看著漢翔也能有專注創作的神情，我知道我終於等到了。

一個半學期的等待，值得

四甲的東霖由於右腳稍微不良於行，同事說因此東霖從小就有份自卑感，學習上總

跟不上大家的程度。

一開始的課程裡，由於四甲的孩子人數眾多，我常常在一一指導的巡堂裡，就忽略了總不出聲的東霖，於是每當一個課程快結束時，這孩子作品的完整度總差大家一大截。

我開始提醒自己，多花些心思在這孩子身上，多多鼓勵和引導，只是從這孩子的態度和表情，我知道他一直都還沒辦法放手創作、沒辦法喜歡創作，因為我從沒在課堂上看過他的笑容。

他的笑只留給了下課時，與好朋友嬉鬧時。

一個學期過去，我還是沒看見他對著作品笑。

第二個學期開始，當一年級的漢翔已經開竅時，東霖的狀況在結束兩個課程後依舊沒有改善。

第三個課程開始，我帶孩子利用黏土捏塑一顆頭，這顆頭天馬行空的創意都可以，只是一路從畫設計圖到捏製，東霖都選擇了一個最簡單的構圖。

捏塑的教學一路從頭型、脖子、耳朵、眼睛到鼻子，我刻意將嘴巴的作法留在五官的其他部分完成後。

我希望四年級的孩子，除了小時候那種捏個嘴巴形狀貼上去的方式外，還能多學個方法。

拿起黏土工具裡的刀，將刀子插入泥偶頭嘴巴的位置，扳開一個有深度的洞，然後再調整出嘴巴的表情，只是在我示範完後，孩子們都異口同聲的搖頭抱怨：「老師，太難了啦！」

開始「懂」創作的樂趣

沒想到，就在同學還不得要領，甚至不想嘗試時，東霖居然帶著他的作品來到我面前，淡淡地問我：「老師，是這樣做嗎？」

望著我眼前的偶頭，我喜出望外。

這孩子不但試了，而且做得很好。

我開心的趕緊拿著他的作品展示給大家看，證明其實他們也是做得到的！

當我把作品還給東霖時，沒想到他居然臉紅了，許多想嘗試新作法，卻不得要領的孩子，紛紛帶著自己的偶頭求助於東霖。

看著東霖大方，且越來越純熟的開著同學偶頭的嘴，他自己的嘴也開了。

他開始在創作時笑了，他開始懂創作的樂趣了。

這孩子不一樣了，原本態度被動的他，開始主動幫自己偶頭的基座做了些裝飾；在利用紙杯做玩具砲的課程裡，他不斷嘗試改良，希望可以讓紙砲射得更高；在學習用水彩畫樹的課程裡，他開始大方揮灑色彩，或許技巧上還不是很好，但我卻可以透過畫筆，看見他開心的笑容。

一個半學期的等待會不會太久？比起我國中等了兩年，我想這樣算快了，而且當孩子讓你親眼看見他的成長時，除了開心和欣慰，也是許多老師的成就感來源。

別急，老師會等你

那年過後，曾和同為老師的好友聊過自己關於「等待」的教育理念，他問我「開竅」這件事從何而來。

我說因為我有過這樣的經歷，所以當孩子對一個問題百思不得其解時，我能非常有耐心的、不斷換方式教他，直到懂為止。

但**光等待還不夠，在等待他開竅的那段時間，還是要不斷給予他支持和指導。**

也許他開竅的時間點不在你指導的階段裡，但身為一個老師，至少該維持住他的學習興趣不再惡化，更別讓孩子因為過多的無助感和厭惡，在開竅前就先放棄了學習。

因此，**我總會跟孩子說：「老師不要你快，老師要你好，所以別急，我會等你。」**

找個在乎的人

現場沉靜了幾秒，這孩子不像以往大聲的、不斷用所有的髒話罵著同學。突然他放下拳頭，一轉身，向操場跑去。

陪了賜仔一年，深深感覺自己對他影響有限。所有期望他改變的事，最後總只是那進步一點點的差別，但雖然始終深感挫折，卻還是一直不斷找尋許多不同的方式，只期許自己有能力讓這孩子更進步。

記得剛接手這班級時，同事們曾提醒我賜仔從小備受家中長輩疼愛，對這孩子的管教要更謹言慎行，才不至於和家長發生摩擦，如果真有事要溝通可以找媽媽。於是在賜仔與我的互動日漸惡化下，我開始在聯絡簿上向媽媽反映賜仔的問題，而每次的反映都可以獲得賜仔短期的改變。我一度以為這樣的互動是好的。

沒想到在幾次的互動後，我開始感受到媽媽語氣的不同。我一直說著這孩子的不好，說多了，似乎也打擊她的管教和心情，她的字裡行間充滿歉意與無奈。

有好長一段時間，我選擇不再跟媽媽反映賜仔的負面行為，我察覺應該先調整自己的做法和溝通方式，因為**家長其實一直都是影響孩子最深的大人**，如果這時媽媽消極了，只怕這孩子就更會走偏了。

直到發現一件事後，我才又開始和媽媽互動，當然也改變了互動的模式。

讀媽媽送的書

每天，除了我規定孩子閱讀的時間外，每節課如果進度或規定的練習都完成了，剩下的時間也都是他們閱讀的時間，然而賜仔這樣躁動的孩子通常是不太看書的。

這天，等我陪所有孩子訂正完練習題時，我一抬頭，居然看見賜仔正安靜的看著書。

從書的編排看起來，那較像是一本大人在看的書。正當我還疑惑著，賜仔卻猛然抬頭與我四目相接，或許這孩子看出了我的疑問，興奮地帶著他的書走到我桌前。

「老師，這是我媽媽送我的書，她叫我一定要看。」賜仔笑著說。這孩子單看笑容時，總是這樣天真陽光。

我接過手來，原來媽媽送了吳淡如的《不生氣的技術》給賜仔，原來媽媽也在試著用些不同的方式引導賜仔。

後來那段時間裡，可以閱讀的時候，賜仔大多抱著這本書。每次看完一則書中的內容，他總會開心的跑來跟我分享。至於書中常會有些關於生氣的短箴，由於含意較深，賜仔也總會跑來問我，常常我解釋完後會笑著問他：「是說你還是說我？」而他總是笑著說：「不知道。」

後來媽媽又送了一本關於情緒管理的書給賜仔，從此這兩本書就一直在教室裡陪他。雖然他還是幾乎每天都在生氣惹事，但慢慢的，**我看到孩子其實在試著努力**。

以前他不服我的管教時，發飆後，連珠炮般的不停罵我，後來他會縮短罵我的時間，落著淚丟下一句：「白目老師，我不想跟你說！」後，跑去書櫃，拿出媽媽送的兩本書，邊哭邊把自己關在那兩本書裡。

第一次看到他這樣做時，我很驚訝，我沒想到他這麼認真看待這兩本書。之後每當類似的狀況發生，我就不再追問，也暗示同學留點空間給他，讓他去用自己的方式化解情緒。

調整聯絡簿內容

我開始明白，不同於這階段的孩子常把老師的話當聖旨，總是「老師說」比「爸爸媽媽說」還有用。**對賜仔而言**，我不是那個可以改變他的人，**媽媽才是他的引水人**。因為他很愛媽媽，也很在乎媽媽，所以媽媽說的、做的都比我來得有效力，雖然他脾氣還是很暴躁，但至少為了媽媽，他努力去改變的動力，遠大於我的引導。

明白了媽媽才是賜仔的良藥，我開始恢復在聯絡簿上讓媽媽知道賜仔的事，只是這次我寫的對象都是給賜仔，內容不再是滿滿的負面行為。

我總在開頭先告訴賜仔最近進步的地方，中間才提他今天做的錯事，最後再勉勵他幾句。

這樣的方式，除了不想讓賜仔總覺得我對他不滿外，我也輾轉想告訴賜仔媽媽，這孩子其實有在進步、有好的一面。請堅持對他的關心和教導，相信他會越來越好。

媽媽是努力的最大動力

至於這孩子對媽媽有多重視，可以從不寫功課這件事看出端倪。

下學期每次的月考前夕，許多的複習練習作業總會讓他不耐，於是就會出現不寫功課，或不願訂正的狀況。剛開始，我總會花好多時間和他僵持，但往往一天過了，他還是沒完成。

一次，我索性不和他鬥了。我默默將他沒完成的課業全都收一收，將未完成的清單列一列，連同聯絡簿，請賜仔的哥哥幫我帶回家交給媽媽，結果等星期一來上學時，賜仔所有的功課竟然都完成了，只是聽哥哥說這次媽媽氣到很傷心。

之後每當賜仔發生相同的狀況時，我會提醒三次，三次過後，如果他還是不動，我就會將他的功課收起，夾在聯絡簿裡，再故意放在講桌上，提醒他。

這孩子如果脾氣小一點，就會在午休時拿回去完成，就算脾氣大些，往往也會在放學前完成，最慢最慢，他會帶回家，趕在媽媽下班前寫完。

當孩子年紀小，還不懂什麼叫做為自己努力時，身邊令他在乎的家人，常是孩子努力的動力，不管是希望獲得肯定，還是希望對方開心，賜仔如此，對我而言也如此。

為自己努力的契機

記得我小時候各方面表現，總是比不上優秀的大哥，每次月考中等的成績也總換來父親一陣打罵。後來上國中時，父親有天把我拉到身邊，用著不同以往嚴厲的態度對我說：「國中開始，爸爸就不會再為了功課打你了，所以**你要學會為自己讀書，不是為我。**」

但我一直沒理解父親這段話，只記得國一、國二成績依舊沒起色，但父親真的不再處罰我了。

後來國三時，我開了竅，有次段考成績大躍進，進步了幾乎一百名，當我開心的帶著成績單回去和父親分享時，他卻依舊沒有太多表情和情緒。當時我好失落，也為此，我低落了好一陣子。

直到下次段考，我又進步，當我感覺到自己的開心狀況不同時，我才懂得父親當初跟我說的話，因為我那次的開心，是因為自己的努力有了成果而開心，不再是掛念著父親不會生氣而開心，從此，我開始走入為自己努力的人生階段。

「看到」孩子的努力

期末時，有次班上一群平時很乖巧的孩子下課時，趁著賜仔不在教室，說著他的糗事，誰知賜仔突然進了教室、聽到了片段，脾氣不好的賜仔，當然立刻爆炸，他生氣地快速走向那群同學，他把身旁的桌椅一把一把用力推開。

眼看一下子賜仔就來到那群孩子身邊，在他盛怒的表情下，早掛著淚滴，我看見他已舉起緊握的拳頭，幾個孩子嚇到不敢動，也不敢出聲，當下，我趕緊大聲喊：「賜仔！」

之後，現場沉靜了幾秒，這孩子卻不像以往大聲的、不斷用所有的髒話罵著同學。突然他放下拳頭，一轉身，向操場跑去。

他開始繞著操場跑，我趕緊叮嚀孩子們，暫時都別過去和他說話。

上課前，同學告訴我賜仔在教室前草地上的一顆大石頭坐下。

鐘響了，我沒立刻請他回教室，因為我知道他在學著憤怒時離開現場，他在試著找方法宣洩自己的情緒。

幾分鐘後，這孩子進教室了，臉上的表情祥和許多，但**他還是走去櫃子，拿出媽媽送的書，坐在位置上，默默翻著。**

趁這時候，我機會教育孩子一番，別喜歡八卦別人的事，常拿別人的事來說笑，要注意當事人的感受，如果你自己不喜歡，就更應該將心比心。當然我更利用這次機會，大大稱讚賜仔的進步，讓同學知道，更讓賜仔自己知道，賜仔雖然還是常惹禍，可是其實他在努力改變。老師有看到，也很感動！

我們都有幸成為孩子生命中的過客。當孩子喜歡你時，你更會成為孩子的貴人。別輕忽你的一言一行，也別小看你的影響力，如同賜仔媽媽一般，在這個孩子想改變的關鍵點，賜仔在乎、捨不得的媽媽是賜仔的貴人！

堅持，才能看見完整的美麗

沒想到就在我話剛說完，阿嘉就當著我的面，把他的作品對摺再對摺。那瞬間，我腦袋裡理智的那條線斷了。

好友佑仲最近剛參加完一場名為「Never stop永不放棄——西濱極限挑戰200K」的單車活動。這活動要在一定的時間內完成兩百公里的騎乘，時間其實非常寬裕，但真正困難的地方是在於自己的身心極限。

這活動的宗旨不在征服他人，而在自我挑戰，追求永不放棄之運動精神及毅力。佑仲在完成挑戰後，寫下一篇心得與我分享：

有些運動在一般人的眼裡是如此瘋狂，或是說花錢活受罪，但它卻深深吸引人，永不放棄的200K過程中，不僅是身體的負荷，更是心理的負荷。

人很容易放縱自己。當身體負荷達到極限，你的大腦開始說服你放棄，但你的榮譽心卻在告訴自己不要放棄。眼看終點離你越來越近，身體與心理的戰爭就這樣一直上演，當你通過凱旋門，表示心理戰勝身體；而當你放棄，你的身體就戰勝心理。

如果現在的學生能接受這樣的洗禮，或許就不會遇到問題時，都還沒有嘗試就放棄。我想這種親身體驗身體極限的負荷，是這次活動的最大收穫。

這篇文章讓我想到我當美勞科任老師時的一次課程經歷。

六上最後一個課程，我帶著孩子們認識傳統藝術「剪黏」。在向他們介紹後，由於那年寒假農曆節過後就是虎年，於是我們利用吸管運用剪黏的技巧，完成一幅虎年年畫。

這份創作的難度在於為了模仿老虎的毛皮，孩子們必須將吸管剪成許多的小三角形，再依照毛的生長方向，一層一層黏貼在紅色西卡紙上，創作出毛的效果。然而，因為我第一次帶孩子做這份創作，所以錯估需要花在這作品上的時間，因此直到放寒假時都還沒完成，不過當時孩子們並沒有什麼異狀。

下學期一開學，我們繼續未完成的創作。

以身作則，影響孩子

隨著花費的時間拉長，孩子們的不耐與浮躁開始浮現。他們開始心不在焉、速度變慢，最後開始有孩子臭著臉告訴我不想做了。

我明白這份作品需要的細心和堅持，對他們來說有難度，於是我運用各種方式：鼓勵、協助……希望可以幫助他們度過想放棄的瓶頸，可惜似乎沒有什麼效果，眼看還堅持著的孩子剩不到三分之一，我只好允許他們停下，但我告訴孩子，他們必須答應我兩件事：第一，不准破壞自己的作品；第二，不准干擾還在創作的同學。

我自己決定，先以身作則，拿出自己一開始示範的未完成作品，找張桌子，和他們坐在一起，然後開始我默默的創作過程。

我希望我的行為可以影響他們，讓他們重回創作的行列。

我希望他們可以從我的作品裡，去想像自己作品完成時那幅美麗的模樣，這樣的舉動確實有影響到部分孩子，但並不多。

巨大的衝擊

終於，在一次下課時，阿嘉受不了了。

「老師，我真的不要做了！」

「你自己決定，我知道這真的很難，是我錯估這件作品的難度。」

我停下自己的創作，轉頭對他說。

事實上，每個跟我抱怨的孩子，我都這樣回答。

沒想到就在我話剛說完，阿嘉就當著我的面，把他的作品對摺再對摺。

那瞬間，我腦袋裡理智的那條線斷了。

我一個箭步上去，大聲問他：「你在做什麼？」

此時，吵雜的美勞教室立刻安靜下來。

我生氣的看著眼前被嚇著的孩子，我忍住心中所有想發飆的責罵，利用沉默的對峙時間，整理自己的情緒，我不想歇斯底里的和孩子對話。

「我允許你不要做，但不代表你可以毀了自己的作品，雖然沒有完成，但至少也辛苦的完成一半了，就算你真的不喜歡這個創作，也要尊重我，這些材料都是老師自掏腰包買來的，想丟掉之前，至少問我一聲。」

話說完，我將他的作品打開。

先映入眼簾的是紅底紙上兩條交叉而過的摺痕，原先黏上的吸管片也剝落了一些，其實是救不回來了，但我還是將它攤好，拿到黑板前的桌子上，和其他作品放在一起。

「都回班上去了。」我淡淡地對著所有的孩子說，再讓大家呆站著也沒什麼意思。

這件事衝擊了我的堅持，我開始認真思考是否要繼續這課程。

大部分的孩子都已經意興闌珊，但如果我放棄了，那些還一直堅持著的孩子怎麼辦？

幾經思考，我決定把這課程上完。放棄，就不會看到成果，唯有堅持才能看到完整的美麗。

隔週一上課，我還是維持一貫的步驟，將他們的作品和所有的材料放好，做與不做任你自己決定，而我則拉張椅子、帶著自己的作品，和孩子們一起繼續未完的創作。

孩子重回創作行列

至於上週毀了作品的阿嘉，則和我很有默契的沒有任何眼神的交會。

沒想到，上課沒多久，阿嘉走到我身旁輕聲的問我：「老師，你還有紅色西卡紙嗎？」

看見這孩子出乎意料的願意重回創作的行列，我沒有再多嘮叨些什麼，轉身就去幫他準備一份材料和工具。

只是我想到依照剩下的時間看來，現在重做，根本做不完，於是我給了他較自由的創作方式。

「你可以不做老虎，做任何你想做的動物都可以。至於吸管的剪黏方式也不用照我規定的，你可以用任何你想到的方式。」

幾分鐘後，我過去關心一下，發現他還是做了老虎，但面對吸管的剪黏方式卻有些遲疑，從桌面上吸管的碎片，可以看得出來他其實有了想法，於是我主動請他示範。

其實，不管他當下想怎麼做，我都會說好，因為願意再做一次已經不容易，而我既然一開始就允許他不用照我的方式做，自然就會尊重孩子自己的創意。

後來那天的課堂上，我們師生的互動反而多了。

看阿嘉好好的創作，偶爾就徵詢我的意見，作品依他的想法做出來的樣子雖比不上我規定的精緻，效果卻也相當好。

調適過心情的阿嘉，正認真的用著他這年紀所能勝任的技巧來呈現創作。

因為阿嘉的事件，我的腦袋突然有了新想法。

如果我把給阿嘉的條件套用在已放棄創作的孩子身上，他們是否也能像阿嘉一樣，再度認真的對待自己的作品？

老師退一步，孩子反而向前邁出

再隔一週上課，我告訴那些已失去耐性的孩子們，沒完成的部分，你可以依照自己的想法去剪、去貼吸管。

只見孩子的臉上滿是懷疑的表情，於是幾個較大膽的孩子先提出自己的作法試探我，在確定我沒欺騙他們之後，這些孩子終於陸陸續續的又開始動了起來。

真奇妙，我退一步，孩子們反而向前邁出。

他們所想出的方式各有不同，也同阿嘉一樣有不錯的效果。更妙的是，有些孩子居然重新回到我的作法，繼續完成自己的作品。

看著眼前這群孩子們，我開始反思，是否這個課程給了他們太拘束的創作方式？

孩子們的傷心

作品完成的那星期，我將孩子們的作品立在美勞教室的黑板上。路過的同事，總是非常訝異孩子們可以做出這樣的作品。教務主任更喜歡到想把孩子的作品留在學校，作為教學的紀錄與展示。當下我沒有表示任何意見，只請主任記得跟孩子說明一下。

畢業前的最後一堂課，我幫每個孩子一年下來的作品一袋袋裝好，好方便他們帶回與收藏。沒想到當他們發現虎年剪黏畫不在袋中時非常驚訝，詢問下，才知道主任後來忘了跟他們說明，而我也以為孩子都知道，所以沒提起過。

面對眼前孩子們的傷心，我顯得理虧又心虛，但看見他們不捨這份作品，我的心裡卻又意外與感動。

這曾讓他們放棄的作品，我一直以為他們後來是為了敷衍，才將它完成，如今才知道他們是那麼珍惜與看重，問他們為什麼。

他們說，我們辛苦了這麼久，我們想要自己留著做紀念啊。

回想孩子們當初剛完成時，我坐在椅子上欣賞所有作品。「堅持是值得的！」當時以為只有我這麼想，現在才發現原來孩子們也是一樣！

堅持，才會看見完整的美麗，才能體會成功得來不易，尤其在每個終點前，總會有需要跨過的無形心理障礙，越過了，才會相信自己可以做到，這是我第一次在孩子臉上看到對自己作品如此認真與重視的神情！

我也會照顧人

原本我以為會一下子就向前衝到讓我看不見蹤影的小綠、賜仔和大同，此時卻一直在這落後軍團裡。

九月底，學校要帶三、四年級的孩子去上溯溪課。藉由溯溪的過程，去認識溪流。一聽到這消息時，說寢食難安太誇張，但我真的有些焦慮，這群孩子還處於常規不穩定的狀態，在學校就已經每天問題不斷，如今還要帶他們出門，而且還是去溯溪。真不敢想像，在我沒辦法注意全場的狀況下，這些孩子又會惹出哪些麻煩、發生哪些意外？

溯溪課當天一早，集合好孩子們後，主任、我們兩位導師和一位替代役，帶著孩子們走往目的地。

沿路上，我們一邊走，一邊聽主任教孩子們認識兩旁的植物和昆蟲。在美好的天氣陪伴下，與孩子們這樣出外走走，也還算愜意，只是我總不免分了心，不斷提醒開心過頭的孩子們要注意安全和秩序，也在心裡期許自己能將他們平安帶到上課地點。

到了目的地，只見校長早已在那裡等候。喜愛自然，而且經驗豐富的校長就是今天的講課者。在催促孩子們換好溯溪裝備後，校長便帶著大夥兒開始溯溪。

上課當天，溪流已進入枯水期，所以水流其實不大，不過畢竟部分三、四年級的孩子還是有些瘦小，而且水流本來就陰晴不定，腳下的石頭又不是那麼好走，所以還是有許多孩子走得戰戰兢兢。

這時班上四年級的孩子倒也貼心，很自動的讓三年級先走。

走沒多久，孩子們的狀況立見分明，不怕的緊跟著校長的速度，一直向溪流上游走去，害怕的則一步一步，慢慢小心向前滑去。我見狀，決定壓後，看顧落後的孩子們。

這一幕，令人感動

說也奇怪，原本我以為會一下子就向前衝到讓我看不見蹤影的小綠、賜仔和大同，此時卻一直在這落後軍團裡。

我定神一看，這三個平日最讓我頭痛的孩子，此刻居然是在照顧怕水、走不快的同學?!

看著小綠和賜仔一前一後的拉著、陪著同學，不但沒有因為落後而生氣，反而笑容滿面，開心的和同學慢慢前進。

即使後來三年級的承承也加入落後軍團，這幾個孩子一樣牽引著他一起往前。只是承承除了較矮之外，也看得出來，他非常非常害怕，因此他的速度越來越慢，慢到連我們班上的落後軍團和照顧他們的小綠及賜仔，最後也消失在我的視線裡。

每個孩子都有優點，大人卻常常看不見

正當我心裡為了要照顧承承，而不能跟上隊伍，開始有些遺憾時，我發現原來陪著承承的不只有我一個人，而還有大同。

大同是中度智障的孩子，但在生活起居上，我覺得並沒有學習障礙，可惜家庭因素造成他情緒很不穩定，常和同學起衝突，事事以自己為重。

但現在在我眼前的大同，居然耐著性子陪在承承身邊。

我萬分訝異，我決定假裝先不伸出援手，默默地看著這兩個孩子互動。

這麼貼心的孩子

原先走在承承後方的大同，發現承承似乎因害怕而越來越不敢跨向前，於是沒多久大同換走在承承的前方，牽著他慢慢走，但沒多久大同似乎發現承承會因為沒踩穩，或是石頭上有青苔而滑腳，偶爾吃到水，於是他開始先試著自己踩穩後，再告訴承承哪裡可以踩、哪裡要小心。遇到高度落差較大的地方，他則會自己先爬上，然後再拉承承一把。

好不容易這樣穩穩地走著，最後終於開始看見校長和其他同學的身影。我沒急著帶他們前去會合，而是停留在一片水流和緩的地方，讓這兩個孩子休息喘口氣，也趁這時幫他們留下合照。

照片裡大同一手搭在承承的肩上，宛若一個貼心的大哥哥。

想起這一路上從沒聽見他不耐煩或嫌棄承承的言語。迴盪在靜謐溪谷的，只有他溫柔善良的引導聲。

回學校後，每當有人問起孩子的表現，我總用著驚訝的表情說著大同他們三個人的表現，沒想到在重要的時刻裡，這三個孩子居然主動的背負起照顧同學的工作，讓我原先想到他們就頭痛的腦袋，開始出現一些陽光的片段。

老師，我有媽咪了耶！

前幾天，和孩子特別好的同學跑來跟我說：「老師，他不是本來沒有媽媽嗎？現在他有一個媽咪了喔！」

那瞬間，我根本聽不懂，皺著眉頭，我懷疑起孩子的表達能力。

孩子的媽媽在他還很小的時候就跑掉了。

有人說是婆媳問題，有人說是吃不了苦，有人說是不想照顧這個有輕微聽障的孩子。

兩個禮拜前，發現放學時來接這孩子的人，同事和我都不認識。

後來孩子告訴我，那是爸爸最近認識的阿姨，這幾天才搬到他們家住。

經過兩個禮拜的相處後，知道孩子遇到了好人，有別於爺爺奶奶的溺愛、父親的無暇關注。阿姨像個嚴母，會教育孩子的飲食習慣，會關心孩子的功課，會關心孩子的常規管教。每天與我之間的溝通，更是寫滿了聯絡簿。

而孩子呢？原本擔心孩子會排斥阿姨，沒想到即使阿姨很嚴格，但卻很得孩子的喜歡。

孩子三天兩頭會跟我分享阿姨的好，例如：阿姨做的抓餅很好吃，甚至想請阿姨做一份請我吃。

前幾天，和孩子特別好的同學跑來跟我說：「老師，他不是本來沒有媽媽嗎？現在他有一個媽咪了喔！」

那瞬間，我根本聽不懂，皺著眉頭，我懷疑起孩子的表達能力。

這時，孩子也跑來了，他笑著對我說：「老師，我本來不是沒有媽媽了，但是現在我有媽咪了喔！阿姨說以後要叫她媽咪耶！」

「哇，好棒喔！」我用我能發出的最大燦爛笑容對孩子說。

最動人的造句

我是真的真的很替這孩子感到高興，因為他生命中缺乏的一種愛，現在有人幫他補上了。我祈禱著，希望他們母子之間的緣分可以長長久久。

我也想找個機會，告訴孩子的媽咪，這孩子真的很喜歡她！

幾天後第一次月考時，這孩子發生了一件讓我很感動的事。

考試前的國語小考考卷上，我請孩子用「如果……請……」造句。這孩子造了：

如果想吃好吃的抓餅，可以請我阿姨做。

後來月考時，我再度考了這一題，這時孩子又造了這樣的句子：

如果想吃好吃的抓餅，可以請我媽咪做。

卷三

其實孩子都想變好

交瘁。

等我回家打開一看，大紙張裡還包著一張小紙條，紙條上只有短短兩行字，字裡行間幾乎都是錯字、拼錯的注音，但那短短兩次謝謝，卻已讓我忘了這一年來他帶給我的心力交瘁。

大同大不同

大同是班上的特殊兒童，經鑑定是中度智能障礙，知識的學習已受了天生的限制，但讓我頭痛和擔憂的，是與人互動的問題。

大同每天都會和同學吵架或……和老師。大同一、二年級的導師告訴我，他剛入學時每天都會把同學弄傷，力氣大又不懂控制力道，所以每次和同學玩的時候，不是抓傷就是推倒同學，偶爾就會收到家長們的關切。

大同現在四年級了，對比之下，狀況是有改善，差別在於大同已經會分辨同學的特質，對於會兇他的同學，比較不敢造次，但如果是那些脾氣好、會接納他一起玩的，大同還是會不假思索的用力抓或打同學，或一意孤行的追著同學跑，即使同學已經哭了，他還是覺得這只是在玩。

再加上大同的說話方式也不得體，不管當下是什麼時刻，有話想說就說、有歌想唱就唱，不懂輕聲細語、和顏悅色，說話大呼小叫，別人禮貌的提醒他事情沒做好，他立刻大聲的兇回去。不知道的人還以為同學是要和他吵架，這樣的態度連面對我也一樣，不服我的管教和處罰時，一大串髒話沒完沒了是常有的事。

這樣的個性特質加上先天的限制，讓他在教室裡很容易成為過客。

課堂上教的大部分他已經聽不懂，常常你一轉身，大同已經站起來在教室走動，不然就在位置上開始製造許多聲響，明白他是無聊，所以大部分總會立刻細聲提醒他，可是一節課裡如果次數多了，他的暴躁就會發作，免不了又是師生間的針鋒相對。

利用畫畫，改善孩子的脾氣

於是開學沒多久，我就試著把大同的位置安排在我旁邊，希望至少在科任課時有我陪著他，避免他干擾上課。

沒多久，我發現這孩子會主動拿紙畫畫，作品的樣貌沒有同年齡孩子接近寫實的變化，呈現出的還是有如低年級時的童真線條，畫面編排雜亂無章，但看久了其實很有他自己的風格，並不只是一種未成熟的孩童畫。

下班後，我跑去為這孩子買了一盒蠟筆和一本八開的畫冊，**希望可以透過陪他畫畫的過程去改善他的脾氣，也希望可以培養出他的興趣**，這樣上課時至少有件事可以做。

隔天大同一看見為他買的畫具時，開心的不斷跟同學炫耀。上課時會主動的告訴我要畫畫，我沒課時，也會試著給他一些引導，希望他多嘗試不同的題材和方式，讓自己可以慢慢進步。

觀察幾天後，雖然情緒不穩的大同對畫畫這件事也是陰晴不定，興致來時，可以每節課都在畫，但也發生過一整個禮拜都不想畫的情況，可是至少在上課時，他開始有件有意義的事可做。

畫作被選為作品展

過了寒假後，我更把他的畫本從八開換成四開，蠟筆也從十二色換成五十六色，除了希望他可以更恣意大膽的創作外，也**希望更大的作品會因為需要耗費的時間更多，可以磨練他的專注和耐性。**

為了增加大同的成就感和信心，我也鼓勵他把作品拿去和其他師長分享，師長們的讚美讓他變得更愛畫畫，而每次在一旁看著他為師長講解作品時，我總忍不住笑了起來，因為其實他每次說的都不太一樣，但那副自信大方的態度，總讓我相當佩服。

後來校慶運動會時，教導主任還從大同的畫冊裡，幫他挑了六張裱框起來，放在學生的作品展裡。

當天大同的媽媽前來參加時，他還開心的要我帶媽媽去看他的作品。只見媽媽在欣賞的同時，他就像隻開心的小狗不斷在我們周圍繞來繞去。

我也藉此機會建議媽媽，畫畫可以多給他支持和陪伴，讀不了多少書的大同，好好栽培，未來或許會是他人生發展的一個方向。

漸漸地，我發現這孩子其實也有很可愛的地方！

孩子的認真參與

上陶笛或直笛課時，他會很認真的拿著笛子和同學一起吹奏著，即使音不成音，也不在乎，為此我曾利用幾天沒課的時間，一對一教他吹「小星星」。

等他學會，除了開心的跑去吹給教導主任聽之外，那陣子連著兩三個禮拜，我每天要聽他吹好幾次的「小星星」。

每天，我都會利用一節下課十分鐘的時間，陪孩子一起讀一本書。

一開始，我沒有強迫大同要留下，所以理所當然的鐘聲一響他就跑出去了。過了一段時間，有天他不再往外跑，反而跑來我身邊問我，可以一起看嗎？

我請他拉著椅子坐下，只見這孩子坐下後，很自然的就把頭靠在我的手臂上，一副專心看書的樣子，一段時間就問我大家念到哪裡了，但其實他是看不懂的。

慢慢地，這孩子會在上課時，卻不想畫畫的情況下，跑去書櫃拿有注音的課外書，然後坐在位子上，用著他一知半解的注音能力，似懂非懂的「讀」書，有時還會跑來問我，這時候當然要趕快鼓勵他一下啊！

畢業典禮前夕，我帶著孩子們練習表演節目。班上孩子的表演節目是「龍貓」配樂的二部陶笛演奏，由於大同不會吹，加上位置編排美觀的關係，幾次彩排時，我總叫大同先坐在下面觀看。

看著大家都上台練習了好幾遍，他卻無所事事，這下他發飆了，對著我念了好幾句，我趕緊安撫他，告訴他，他的工作是為大家伴舞，因為道具還在製作中，所以還不用上台。

直到畢業典禮前的全校大彩排，大同上場時帶著大龍貓的看板自由發揮律動，當下他成了我們班節目的焦點。

看他開心的跳著，我想他是很滿意這次的掌聲和目光了！

孩子學得比想像中更好

或許是在這些陪他的日子裡，讓他慢慢認同我這個老師，雖然直到畢業前我們還是偶爾上演吵架的戲碼，但他對我的態度好多了。

大部分的時間裡，若我提醒他太吵了，他會安靜的找事做；說他講話太兇、太大聲，他會把話重新小聲的、溫柔的再講一次；告訴他弄痛同學或對同學不禮貌時，會立正九十度鞠躬道歉；甚至有時突如其來，犯錯的大同會自己突然衝去跑兩圈操場，然後告訴我，他處罰完了。

結業式前一天最後一節課，我準備了一封給全部孩子的信，及一份禮物和孩子話別，當我念著信的內容給全班的孩子聽時，有些多愁善感的孩子哭了起來，正當我不知所措，大同卻出聲大笑這些在哭的同學，瞬間場面變得好氣又好笑，但也拜他所賜，讓我不用面臨難以收拾的場面。

永遠無法忘懷的「謝謝」

結業式當天放學前，我忙著交代暑假功課的內容和製作方式，只見大同這小子靜靜地在座位上玩著一堆紙張和迴紋針，看著他不吵，我也沒再多注意他。

沒想到用完午餐，孩子們準備集合放學過暑假，大同卻突然來到我面前，遞給我一張別滿十來個迴紋針的紙張。

等我回家打開一看，大紙張裡還包著一張小紙條，紙條上只有短短兩行字，字裡行間幾乎都是錯字、拼錯的注音，但那短短兩次謝謝，卻已讓我忘了這一年來他帶給我的心力交瘁。

想起以往有活動，要他寫感謝卡時，他總是生氣的說不會寫，而如今在我眼前的，是他主動寫下的謝謝。

特殊兒童一直都是需要更多關注和資源，尤其在小校，資源更是缺乏。這一年，我很無奈沒辦法花更多時間在大同身上，卻也從他身上學習到，如果有時間和心力，這些孩子都可以學得比我們想像的更好。如果特殊兒童都能有這樣的轉變，何況一般的孩子。

孩子，是家庭的縮影

當天晚上，我一直反覆思考著，要不要和粽子媽談這件事，畢竟這是家務事，也許有些家長會認為已經踰越一個導師的界線。

星期一，看似與平常同樣大笑、和同學嘰哩呱啦聊個不停的粽子，偶爾下課來到桌旁，卻露出一股欲言又止的神情。問她怎麼了，卻總搖搖頭說沒事，然後就跑走了。

隔天，在粽子的日記裡，她才透露爸媽吵架了。下課後我請她過來，想問問怎麼回事，因為我知道粽子的爸媽感情很好，吵架絕不是因為彼此關係不好。經過粽子的解釋，才知道原來爸媽為了照顧長輩的事有了不同的意見，在得不到共識下，似乎不知不覺當著孩子的面大聲起來。

當我們每天都和孩子相處時，常會沒有意識到孩子的成長。我猜想粽子爸媽或許還沒察覺孩子已經更懂事了，心思更敏感了，父母的互動已經開始會牽動他們的情緒，縱使他們明白爭吵的事端與他們無關，也明白父母其實感情還是很好。

很深的猶豫與考量

當天晚上，我一直反覆思考著，要不要和粽子媽談這件事，畢竟這是家務事，也許有些家長會認為已經踰越一個導師的界線。可是我開始想著班上幾個讓我頭痛和心疼的孩子，發現孩子其實是一個家庭的縮影或再現：

脾氣暴躁、對人失去尊重的賜仔，家中所有長輩的脾氣都很大，爭吵的場面也都很盛大，連警察也曾到府關心過，於是賜仔和哥哥的相處也是從小戰亂不斷。

脾氣和賜仔如出一轍的大同，爸媽感情不睦，也常在孩子面前上演大戰戲碼，大同爸不開心時會對大同吼著：「你去死啦！」所以大同和我發生衝突時，也會對我喊叫相同的話。

外表可愛、笑容陽光的小綠，卻是班上最讓我頭痛的女孩子。父母離異後，由爺爺奶奶照顧，偏偏兩老重男輕女，對住在同一屋簷下的堂哥、堂弟極盡呵護，對小綠卻百般嫌棄，即使兩個堂哥行為偏差、欺負小綠，也從不管教。為了在這家庭求生存，小綠變成堂哥言行的再製品。

寫信給孩子家長

因為這些孩子，我決定寫封信給粽子媽，我想信可以來得婉轉些，如果家長不能接受，至少不用有當面的尷尬。

就在邊打著信的同時，我卻也想起我的爸媽。

我的爸媽因為媒妁之言，很年輕就結婚了。那時的他們之間到底有沒有愛情，我不得而知，等到懂得他們之間的感情有問題時，也已經是比較懂事的時候了。

可是我一直很感謝我的爸媽，在那段孩子的天地就是爸媽的時期，我們總以為自己是在單純美好的家庭成長，因為他們從不在我們孩子的面前爭吵。

小時候還以為他們不吵架，長大了才明白，**他們總是把爭執留在房間裡解決**。後來想想，我們幾個孩子雖然遺傳父親剛烈的脾氣，卻極少和人發生爭執，遇到問題時，大多選擇自己面對克服，或許是那段小時候美好生活的影響吧！

於是，我將這段自己的回憶寫入信中，不是要粽子爸媽要跟我的爸媽一樣這麼做，而是希望他們多想想，當他們發生爭執了，要注意到孩子，別在孩子身上留下不好的影響。

隔天粽子媽回信了，粽子媽不但大方的包容我的越界，也分享她和我截然不同的童年經驗。小六的她，是親手幫被家暴的媽媽收拾行李、送媽媽離開家裡，對她而言，童年回憶反而是留下陰影。粽子媽也說會和粽子爸溝通好，今後有爭執時的處理方式，會多注意孩子的感受。

每次看見孩子能有如此用心和願意付出的父母時，我的心裡總是一份感動和欣慰，因為我知道，未來不管這些孩子遇到什麼問題，這些孩子的父母都能善用自己的智慧，陪孩子走出一條自己的道路來。

誘出孩子的善良

有天早上我因為有事比平常晚些到校。一路上我滿腦子擔心的，都是這兩個孩子是否已經在教室大戰了起來？

沒想到，一踏進校園，卻沒聽見我想像中的吵雜聲。

開學後沒多久，我發現每天一大早賜仔都是第一個到校，而中度智障的大同都是第二，因此使得我必須每天趕在大同之前到校，因為他們兩個是死對頭，常常我晚點進教室時，他們兩個已經吵起來了。

這兩個冤家吵架的模式，不外乎其中一人先開口嫌對方太吵，另外一人就會用髒話罵回去，一來一往，越鬧越誇張。如果沒提早制止，賜仔就會開始動手，而怕痛的大同放聲嚎啕大哭，聲音大到全校都知道。

課堂上的最大挑戰

但這兩個冤家卻又默契十足，尤其在干擾我教學和對待我的方式上，根本如出一轍。

上課時，如果這兩個人不說話，好一點時，會在座位上吹口哨、哼歌，糟一點，就會有些小動作，干擾周圍的同學；上課過程中，想發表時，會自顧自哇啦哇啦說個沒完，最後掉入循環——互相批評，吵架結束。

至於犯錯時，面對我的詢問和責備，兩個人的反應更像雙胞胎，一開始大聲說：我沒有，接著會生氣，最後不願意回答我問題時，就會罵髒話，一旦被我處罰，就開始踢桌子、摔椅子出氣，然後整理書包，告訴我不想上學了，要回家。

唯一不同的是大同會大聲哭喊，賜仔則會漲紅臉，默默地任眼淚大滴大滴流個不停。

後來好一段時間，我每天最大的挑戰，就是如何改進他們的言行，因為當孩子的行為沒有改善前，我的教學也難以順利進行。

上課流程常被兩個孩子打斷，班級的氣氛也理所當然不佳，可想而知，孩子的學習品質一定也不好。

就在我一直嘗試不同的方法，卻得不到有效改善時，有天早上我因為有事比平常晚些到校。一路上我滿腦子擔心的，都是這兩個孩子是否已經在教室大戰了起來？

沒想到，一踏進校園，我卻沒聽見我想像中的吵雜聲。

動容的一幕

我抬頭望向當時在二樓的教室，除了開了燈，好像也沒其他動靜，這超出我想像的情形讓我更加不安，我趕緊上樓，走進教室。

一踏進教室裡，我只看見大同的身影，只是他的模樣似乎有些怪異。他默默地背對著黑板，連書包都還沒放下，就坐在講桌旁的椅子上，低頭沉默不語。

看著教室裡沒有大戰，我心裡頓時輕鬆不少。我一邊放背包，一邊輕鬆的問大同：「賜仔人呢？」

此時賜仔的聲音卻突然出現在教室裡，並回答我：「老師，我在幫大同綁鞋帶。」

剎那間，我嚇到了，我趕緊放下背包，繞過孩子們的桌椅來到講桌前。

只見賜仔整個人坐在地板上，靜靜的、仔細的、貼心的幫大同的新鞋子解開鞋帶，然後重新穿鞋帶、整理鬆緊度，最後打上漂亮的蝴蝶結。

「你在做什麼？」嚇傻的我，問著這很蠢的問題。

「老師，你知道嗎？大同他剛剛進教室的時候，我看見他的新鞋子鞋帶都亂穿，連蝴蝶結都亂綁，所以我現在在教他綁鞋帶。」

回答這一串話的過程裡，賜仔始終沒有轉過來看我一眼，只是一直專注在大同的鞋子上。

善用孩子的互動，改善他們的行為

我在一旁靜靜地站了一會兒。心裡想著，原來這兩個孩子也能這樣和平相處啊！如果可以一直這樣下去，該有多好。

我開始想著這兩個孩子脾氣沒有爆炸時的表現。我發現大同其實很愛照顧人，學校裡的一名自閉症學生，以及剛入學的學弟妹，都是他下課或外出時照顧的對象。

賜仔則非常熱心服務，除了需要幫忙時，常會主動外，偶爾也會自發性的打掃教室。

兩個孩子都有自己的優點，代表他們的本性都不壞，既然他們在看似不對盤的樣貌下能如此和平相處，而我對他們的規勸效果又不彰，那有沒有可能利用他們彼此之間的互動，去改善兩個人的常規呢？

心驚膽顫的一天

我先把賜仔的座位移到我的桌子旁，由於賜仔上課的專心度很差，又愛干擾同學，我把他安排在我身邊，至少科任課時我可以多提醒他。

至於大同，透過鞋帶事件，我發現如果賜仔對他說話時和顏悅色，大同其實對賜仔還滿言聽計從的，於是我把大同的位置直接安排在賜仔的右邊。

一開始，大同沒有什麼反應，但賜仔的反彈就超大。

他不斷的抗議不要和大同坐，於是我坦白的告訴賜仔：

「老師發現你對大同說的話，比我說的有用多了，當你好好地和大同說話時，其實你的建議，他大多能好好接受，而且立刻改善，所以老師希望你上課時，多幫我提醒與照顧大同，但記得語氣要好喔。語氣不好，你們就會變成吵架！」

開始實施的第一天，我可是心驚膽顫。

當我站在講台上，表面看起來在講課，實際上心思都在偷偷注意賜仔和大同，只見常習慣起來走動的大同每當一有動作，賜仔就會溫和的提醒他坐下。

不可思議的轉變

這畫面真是令我喜出望外。

大同有了賜仔的提醒後，上課的秩序好多了，而賜仔有了照顧大同的任務後，自己上課的狀況也少了。

但後來我又開始擔心起賜仔，因為扣掉科任課有我可以照顧，其他我負責的課，他都需要幫我照顧大同，偏偏大同狀況多，這樣下來，賜仔上課的學習效果也不好。

於是我開始在每節課，幫大同規劃好他可以做的事，好讓他降低離開座位的頻率，而賜仔就可以不用太頻繁的關注他，可以多花點心思在課堂上。

當然，我並不是從此就過著幸福快樂的教書生活，這兩個孩子下課時，還是會常和同學起爭執，犯錯時，還是劍拔弩張，但至少上課時的表現已進步許多。

一段時日後，在全班都見證他們兩個的改變下，我讓他們離開我的座位，重新分配進班上的分組座位裡。除了**教育其他同學要有包容和接納別人的雅量**，也期許他們能在同儕的接受下，保持，甚至繼續進步自己的常規。

孩子畢竟還是孩子，他們的心裡其實都是善良的，只是**當他們出現負面的行為時，我們常會當下就看不見他們善良的一面，一旦大人開始看不見孩子的善良，孩子的善良也會開始萎縮。**

如果**我們可以努力的誘出孩子的善良，讓它成長茁壯，甚至讓善良陪伴善良。**或許每個孩子需要的時間不同，但終究會帶著孩子一直往好的方向走！

其實他們都想變好

今天歐買尬問了我這樣的問題：「老師，我們可以多上幾節課嗎？」「老師，不公平，為什麼另外兩個同學的課比我多？」

手頭上課輔的十五個孩子，經過一個禮拜相處後，我大致了解每個孩子學習的問題點，趁著週末，也趁學校剛好有筆經費，跑去幫孩子們買些適合他們的教材。

營造主動、積極學習的氛圍

說是一個禮拜，其實一個孩子也只有兩節課的時間，但一個禮拜下來，我發現他們其實很想要變好、很想要進步，尤其今天和幾個孩子的相處，更是感動。

即使我還是會罰寫，還是會有生氣的時候，但他們卻開始主動和積極的學習了。

語文程度有落差的小玉，下課前問我：「老師，我可以把這本書帶回去寫嗎？」小玉原來愛上我買給她練習的閱讀教材《每日一文》。

功課一塌糊塗的金水，其實基本概念都懂，但卻願意在我的課堂上放下他平日的敷衍，重新將功課好好訂正與計算，這點還頗讓導師吃味啊。

反應很鈍卻很認真的小曹，對於無法理解的概念，卻願意不厭其煩地回答我的問題，直到他自己能說出來為止。

有些過動和注意力不集中的歐買尬，經過上星期的課程後，拼音緩慢的他，開始愛上念故事，還從家裡帶來他自己喜歡的書。

今天他還問了我這樣的問題：「老師，我們可以多上幾節課嗎？」「老師，不公平，為什麼另外兩個同學的課比我多？」其實，明明課就一樣多，好嗎？

發音、咬字有問題的小萍，我們一起漸漸找到了發音問題的點，也開始試一些改變發音的方法。每次發出對或相似的音，她總會露出開心的笑容。

理解力不佳的瑄瑄一進圖書室，就主動告訴我：「老師，你快教我分數的加減，我不太會。」在講解過程中，不懂的地方，她總會大膽的提問。

下課時，我告訴她自己決定教材要不要帶回去練習。這孩子思考了一下後，點頭說好。

見她猶豫，所以我派了很少的量給她，沒想到這孩子又問我：「老師，如果我這邊寫完還想寫的話，可以繼續嗎？」

今天沒有排到課的純純，下課時跑進圖書室，一看見我就說：「老師，你可以教我除法嗎？我都不會。」

孩子都提出要求了，哪有不教的道理。

經過簡單的教導後，拿出本來應該等到上課時再給的教材，讓她練習，於是這孩子開始抱著教材練習，每節下課都跑來找我問問題和批改。

放學前，這孩子還問我：「老師，我可以帶回去寫嗎？」

給孩子機會，孩子就會不一樣

這些孩子很棒吧，從一開始會帶些不愉快的感覺，問說為什麼是我，也總感覺自己被貼上學業表現不佳的標籤，到現在會開心去做、去嘗試，雖然我們不知道他們的熱忱會維持多久，可是孩子們有那份心就是好事，所以就讓我陪你們一起衝衝衝吧！

這些專屬於孩子的教材，後來還引起一陣小漣漪。

四年級兩個功課很好的孩子，看見來課輔的同學帶著練習教材回去後，跑進圖書室對我說：「老師，我也想要寫那個。」當下以為他們只是說說而已，就以影響我教學為由，笑笑地送他們出去。

但後來想想，如果孩子是真的有心想讓自己更好，為何要潑他冷水？何況這些表現優異的孩子，並不需要我花太多時間引導。

我明天應該再去問問，如果真有這樣的想法，就給孩子們一個機會吧！

捏塑一個媽媽

快下課了，除了大風還在做最後的裝飾外，其他孩子們一一完成自己的創作，並開始互相欣賞。

此時，一個孩子卻說出讓我震驚不已的話。

配合母親節的到來，我應景的帶著五甲的孩子用黏土製作母親節蛋糕，只是開始沒多久，大風這孩子行為異常到讓我很難將目光從他身上移開，卻又有種不應該吵他的直覺。

大風是個外粗內細的孩子，不認識他的人很容易因為他豪放不羈的外顯特質，而對他的第一印象有所保留。事實上在那粗獷的外殼下，有顆細膩而溫暖的心。

解說完黏土蛋糕的製作過程，平時上下課都很high的大風確定自己的構圖後，在教室如同往常一樣熱鬧的氣氛下，這孩子竟然悄悄地沉默了。

他非常專注在創作裡，即使身邊的同學一直對他說一些無厘頭的笑話，他也無動於衷。

發現這孩子的反常後，我開始靜靜地陪在他身邊。

大風專注到就像幫自己升起一道防護罩，阻隔了外界一切雜訊。而我成了那兩節課裡，唯一跟大風有交談的人，但交談的內容也只侷限在他詢問我作法和配色的意見。

讓大風如此專注的題材到底是什麼呢？隨著造型逐漸明朗，我才發現這孩子原來在捏塑一個媽媽的黏土偶。

看似粗枝大葉的孩子，此刻正細心琢磨這黏土偶的頭髮和服裝。

我震驚不已

快下課了，除了大風還在做最後的裝飾外，其他孩子們一一完成自己的創作，並開始互相欣賞，此時，一個孩子卻說出讓我震驚不已的話。

一個平日就口無遮攔的孩子，瞧了瞧大風的作品後，笑著說：「你又沒看過你媽媽，你做媽媽要送給誰啊？」

真是令我驚訝，原來大風從沒見過自己的媽媽，那此刻如此用心捏塑著媽媽的他，到底用著怎麼樣的心情在創作？

雖然我是科任老師，比較沒有機會去關心孩子的心，但多了這層發現後，每次看見與我嘻嘻哈哈、開朗的大風時，心裡總有分心疼。

誰能給他缺席的親情？

從那天過後，我發現大風的衣服和褲子穿來穿去就那三、四件，其中兩件還是學校之前辦活動送給孩子的，而他兩隻腳上的鞋子，早已裂開兩條大縫。我開始猜想這孩子生活在怎樣的家庭？受到怎樣的照顧？

回家吃晚飯時，與母親聊起了這孩子的事，不禁感慨雖然現在社會進步了，但孩子卻不見得比我母親他們或我們這代幸福、快樂，現在的孩子家庭功能不健全的比比皆是，隔代教養、單親、父母親犯法、拋家棄子、家暴、不聞不問的……等等，什麼狀況都有，在一個班級裡與其要調查家庭有問題的孩子，不如調查家庭功能健全的要來得快許多。於是當這些孩子行為有偏差時，心裡總忍不住對家長多了分憤怒，但當這些孩子表現得很懂事或成熟時，雖然心裡感到安慰，卻又總教人心疼。

依照我對大風的觀察，他的品行不太令人擔心，只是一想起他捏塑媽媽的神情，卻不禁想問，這孩子成長過程裡缺少的那份親情，又有誰能幫他補回？

原來，可以表現得這麼好

沒想到此時奇蹟出現，從規定宣布後開始，他們就這麼安靜了半節課，直到下課前，我都沒有再出聲管過秩序。

這學期接下二甲星期二、五整個下午的課輔。

一開始或許是彼此陌生，前幾堂課，孩子的表現非常好，一度讓我以為這班孩子懂事到不需要刻意用獎勵來規範行為，但沒多久就破功了。不完成我派的練習題的孩子越來越多，上課時靜不下來的情況，也越來越嚴重。

經過一陣子的磨合，即使訂出「寫完練習題可以寫回家功課」、「上課秩序不好被幹部登記在黑板上的人不能下課」的獎懲制度，還是有少數孩子不願認真寫練習題，秩序的改善更是有限。

有天下午，當我在圖書室進行一對一的課輔時，突然看見一批二甲的孩子進到圖書室。

善用孩子的「喜歡」，進行班級經營

這群孩子帶著功課，開始安靜的寫著，看書的也安靜的看書。即使有對談，也都用我聽不到的音量。

我很意外，原來這班孩子的常規可以表現得這麼好。

這畫面，我看過幾次後，無疑的，他們是我心目中全校進圖書室表現最好的班級。能有這樣的表現，原因大概不外乎兩種，一種是導師班級經營做得好，另一種就是孩子真的很喜歡來圖書室。

接著的星期五下午課輔，第一節上課時，孩子的表現還算及格，但第二節課上到一半，秩序又開始控制不住。

我請幹部上講台幫我登記，但想起平常登記表現不好的效果也沒多好，於是我靈機一動，臨時修改規定：

1. 請孩子幫我登記表現好的孩子。
2. 下課鐘響時，如果完成了練習題，而且號碼有登記在黑板上的人，就可以下課。
3. 被登記在黑板上的人，如果後來又表現不好，還是會被擦掉。

沒想到此時奇蹟出現，從規定宣布後開始，他們就這麼安靜了半節課，直到下課前，我都沒有再出聲管過秩序，而因為教室的安靜，也讓我更能專心、耐心的指導來問問題的孩子。

新規定的效果這麼好，於是第三節上課時，我決定如法炮製，但因為是最後一節，已經沒有下課，於是「可以下課」改成「可以去圖書室」，沒想到孩子們更興奮，原來他們真的很喜歡去圖書室。

於是他們就更神奇的安靜了一節課，而且一些不認真寫練習題的孩子為了想去圖書室，居然也認真了起來，還主動來問我問題，讓我開心到猛誇獎他們。

終於找到了！終於抓到適合這班孩子的班級經營方式了，這成就感讓自己原先應該已是力盡筋疲的星期五，突然雀躍起來。

難怪這天這麼熱，原來是有陽光曬進來啊！

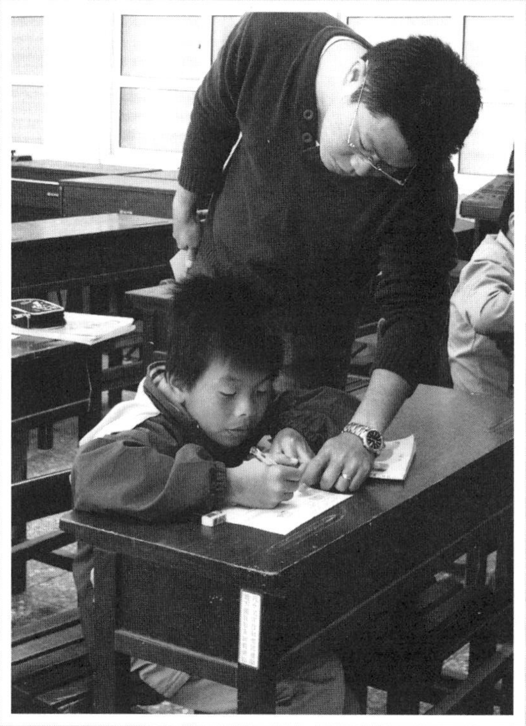

卷四

看見被隱藏的優秀

我不要上學

在用力抱他前往教室的路上，從那小小身體裡傳來的震撼和哭聲，讓我相當心疼。每當我們強硬地將他的身體帶進教室一次，他的心也就離教室更遠一些。

開學沒幾天，二年級的小諭幾乎每天都站在校門口。

看他不開心的表情，很明顯是在鬧脾氣，只差沒在臉上寫：「我不想來上學！」一開始，我誤解同事太冷漠，等到自己軟硬兼施，安撫幾次都得不到效果，才知道不是同事不關心，而是他們都試過了，但都得到相同的結果。唯一能將他帶回教室的只有導師，而且還不用說太多話。

後來小諭不想來上學的狀況，每放一次週休，就更嚴重一次。

漸漸地，連導師也請不動他，但導師又不能丟下全班孩子，只好陪他。

還好有時他願意待在健康中心，但慢慢地，他連健康中心也不願去，只是非常有毅力的站在中廊的階梯前。

動用三位男老師

讓一個孩子站在沒有人的中廊前實在不安全，有時寒流來襲，更擔心他會生病。辦公室的同仁用盡各種方法，將他勸進教室。苦口婆心的勸，往往都沒有用，最後用的都是極端的手法，嚴厲的斥責，或強行抱走，但總換來他歇斯底里地大哭，哭到滿臉淚痕、聲嘶力竭，激動到鞋子掉了、衣服亂了，然後或坐或躺或窩在牆角。

將小諭強行帶進教室，我幫忙過三次。別看這孩子個子小，掙扎起來的力道相當大，每次都需要三個男老師，才能將他抱進教室。

在用力抱他前往教室的路上，從那小小身體裡傳來的震撼和哭聲，讓我相當心疼。每當我們強硬地將他的身體帶進教室一次，他的心也就離教室更遠一些。

這樣抗拒上學的行為，在過完寒假後，惡化得更嚴重。

小諭抗拒上課的情緒停留時間也越來越長，他上學遲到。如果一整天心情都沒有改善，放學時，他會拒絕回家；他不吃中飯，拒絕跟大家一起到餐廳用餐，一直窩在教室的角落裡。

最讓老師不解的是，如果這孩子情緒沒有發作，是個十分懂事、乖巧的孩子。打掃工作、自己的位置整理得井然有序，下課時，會坐在位子上，乖乖把早餐吃完，才出去玩。這孩子的笑容相當靦腆可愛，讓我在望著他時，懷疑他的身體裡住著兩個人。

以同理心撫慰孩子

一次下課時，小諭班上的孩子驚慌來辦公室求救，但才二年級的孩子卻又一直說不清楚什麼事，我趕緊先跑到教室去。

沒想到一靠近教室，就看見小諭站在洗拖把用的水龍頭前，嘩啦嘩啦的水已將他的外套、褲子淋得濕答答，鞋子掉落在走廊上。

小諭的導師是女老師，一個人無法阻止正歇斯底里的小諭。我趕緊一把將他抱離水龍頭，和他癱坐在走廊上。

小諭放聲大哭、手腳用力亂揮亂踢，很明顯拒絕任何人靠近。

眼看下課時間所剩不多，我下一節又有課，但又不想讓同事孤立無援，於是我更用力將小諭擁入懷裡，我告訴小諭：「你只要告訴老師你想做什麼，我就放開你。」

「我要洗衣服，嗚嗚嗚……」小諭大聲的哭喊著。

他這樣說，我就更確定，這孩子是用一種怪異的行為投射他的情緒。

我以同理心安撫他，小諭在我懷中緩和下來。

此時上課鐘響，在等他停止哭泣、靜靜靠在牆邊後，我才放心的趕去上課。

因為那次的震撼，我決定再試試，也許能幫他重回教室。

接下來，每當看見他又拖著書包，站在中廊前不進教室時，我總會靠過去和他說話。

不同的是，**我不再像之前，把他當成幼稚、愛耍脾氣的小孩，我認真的用一種像朋友談心的方式，和他分享這樣長時間不上課可能對他造成的影響，也和他分享身邊大人對他的看法和關心，更和他分享我小時候，也曾不想上學的經驗，當然也和他分享我每次看見他哭、被責備、被硬拖進教室的感受。**

慢慢地，我感受到這孩子的真心回應，雖然他仍不願開口跟我說話，但他會點頭與搖頭回應我，也願意移動位置，從願意移到可以擋風的角落，到願意坐進保健室；從開始願意在吃飯前進到教室，好避免又被老師們架進去，到最快第二節就可以在同學的陪伴下，回到教室上課。

但願意進教室與願意吃午餐又是兩回事，這孩子不明所以的排斥和全校師生一起在餐廳用餐，即使他願意進教室了，卻又會在用餐前聽見小諭的哭聲，嚴重時可以一直哭到午休鐘響，讓全校師生都無法休息。

我端著自己的午餐，開始陪他在教室耗著，從讓他願意至少把鬧脾氣時沒吃的早餐吃掉，避免挨餓，到可以接受我幫他打飯菜回教室吃，再到願意在我陪同下，自己打飯菜回教室吃。

努力到這裡，雖然同事打趣的說我該去學輔導，但我知道這都是治標，不管導師和我怎麼努力，我們始終得不到這孩子排斥上學的原因。

意外的轉折

第一次月考過後好幾天，我才發現都沒看見小諭站在中廊前，也沒在上課中或午休時聽見他宏亮的哭聲，由於之前他有曾經躲在家、不願來上課的紀錄，我擔心他情況又惡化，於是趕緊向導師打探。

「第一次月考後，他發現自己好像有能力考到第一名，所以整個人就變了，每天開始乖乖進教室上課了。」

聽完真相後，這令人意外的轉折，讓我忍不住大笑了起來。

我心裡原本還擔心自己離開前可以幫他到什麼程度，這下突然鬆了口氣，雖然我們還是不知道他不喜歡來上學的原因，但至少現在他找到來上學的動力。

雖然再觀察了幾天，確定小諭真的一切都好，但我還是不免擔心，用這種動力重回教室上課的他，如果第二次月考後，沒有達到他的期待，那是否又會回到之前的模樣？

幸好這樣的擔憂在第二次月考後也移除了。

考完試後的小諭，並沒有如他所願拿下第一名，但卻也不見他因此就又重蹈覆轍，之後的幾天，在校園遇見他時，也看不出他有任何異狀。

至此，我開始相信，也放心，看著他上課時帶著無敵可愛的笑容，專心的創作自己的作品，我打從心裡替小諭祈禱，希望他心裡另一個小諭可以就這麼一直沉沉睡去。

選擇與放棄

每次下課後，她總會抱著課本、習作，或是我上課出給孩子的練習題來到我桌邊，告訴我：「老師教我，我不會。」

我有一個孩子，患有輕微智能障礙，三年級的數學，她已經跟不上，可是不同於一般智能障礙的孩子，每次下課後，她總會抱著課本、習作，或是我上課出給孩子的練習題來到我桌邊，告訴我：「老師教我，我不會。」

我有一個孩子，天資聰穎，卻是個被寵壞的獨子。懶、驕縱，目無尊長，循循善誘，也收不到任何效果，前輩們都說：「這種孩子只要重重的體罰他一次，他就會收斂心性。」

我有一個孩子，即使已經上安親班，卻總是無法完成功課。上課心不在焉，生活習慣很差，但個性卻很單純、熱心、憨厚。

聽說他已經是家裡程度最好的孩子，他的姊姊們連字都不認得，他的前任導師說：「多看他的優點，其實他很可愛。」

不忍任何一個孩子，錯過學習

我還有近十個單純、學習稍微落後的孩子，一部分是因為不認真，一部分是因為能力上的差距，偏偏父母又無法去照顧他們的學習。想問心無愧，不想讓孩子們在這個階段錯過學習，我貪心的對自己說：「試著拉拉看吧！拉得起來多少算多少。」

一開始我太貪心，我瘋狂把自己的課餘時間，都給了這些我認為需要幫助的孩子，下課、午休和週五中午放學後的時間全排滿了，於是上課鐘響就講課，下課鐘響就幫需要的孩子進行補救教學。唯一堅持留給自己的是下班後的時間，我想要運動，因為那是讓我充電的良方。

或許是我體力太差，也可能是我經驗不足，不得要領，也或許是我的孩子們真的太多了。一段時間後，我發現耗去的精力已超出我所能負荷。每天下班後的疲憊，讓我連去打球都心有餘而力不足。回家後更是一坐下，眼皮就不聽話的閉上。

我想起隆・克拉克在他的書《人格特質最重要》提過：「懂得取捨才能面面俱到……我們必須在生活和工作中找到一個平衡點，不然，只會很快油盡燈枯，在事業上熱情不再，落得意興闌珊，反而不能做出可長可久的貢獻。」

「放棄」只是暫緩處理

所以我改變做法。每天到學校，我開始面臨許多的選擇與放棄。選擇是因為必須緊急補救，放棄只是暫緩處理，只是每當做出一些放棄時，我的心裡就有滿滿的罪惡感，因為我一直認為當一位老師，腦袋裡不應該出現「放棄」這兩個字，即使我並不是真的要放棄。

我也開始留一點課餘時間給自己，輕鬆的陪其他孩子說說話、一起出去玩，為自己煮杯咖啡，和同事聊聊天，甚至只是坐在位置上，靜靜地看著教室裡孩子們的一舉一動。

回想起那段沒有讓自己喘息的日子，其他的孩子不懂老師的用意，總是問我說：「老師，你為什麼對他們這麼好？」等自己留出一點時間給自己，才發現其他的孩子也需要老師，他們也想跟老師說說話，也想跟老師分享下課時畫的塗鴉，也想跟我分享生活中的趣事，也需要我的關心、注意、讚美和陪伴。

即使如此調整自己的心態，不能逃避的是，我還是愧對了一些孩子，尤其當我發現孩子的問題還在時，總會感到懊惱，但我也提醒、督促自己，讓教學技巧更成熟、更有效率，更細微的關注每個孩子，這條路是非常漫長的，若我無法保持良好的狀態，又怎能幫助更多孩子呢？

這件事後來一直成為我心中的遺憾和不安，我一直很怕這事件在孩子的心中留下陰影，讓他不再願意接受挑戰，讓他不再願意站上舞台，讓他在看似豪放不羈的外表下有個放不下的挫折。

敏感而細膩的心

校內國語文競賽來臨，各個項目的名單，我採取自由報名為優先。眼看各類別都已經有孩子參加，卻獨獨剩下「閩南語演說」還懸缺。幾經詢問，孩子們都避之唯恐不及，不得已只好由我挑選，但其實第一眼看到這項目時，我的心中就非阿升莫屬。

這孩子平日不管是上課或下課，與我應對間都是說閩南語，加上他音量又大，簡直是不二人選。

在阿升半推半就答應我後，我從教學組長提供的文章中，幫說故事和閩南語演說比賽的孩子挑選適合的稿子，接著開始利用中午時候訓練，我請孩子一天背一些，然後我驗收，並在語氣和動作上給予建議，這也是我認為他應該加強的地方。

初期所有的孩子都非常順利的背著稿子，但隨著進度往前推進，阿升卻開始停滯和落後，即使我刻意多花時間陪他，卻不見有所改善。

眼看著比賽時間逼近，說故事比賽的三個孩子早已進入讓自己更熟練、更自然的階段。阿升卻連一半的稿子都還沒背完，那陣子我們師生倆常為了這事不愉快。

一天下課時間，阿升又被我強迫背稿子時，低頭改作業的我突然聽見同學對他的嘲笑聲。看見阿升生氣的模樣，我才驚覺問題所在。

孩子，對不起

孩子們嘲笑的演說稿內容，是我幫阿升挑的稿子題目「我的阿母」。文中的母親是個護士，訴說的是母親護士工作的辛勞和如何為醫護工作付出。

我望著眼前這份稿子，懊惱自己為何沒有站在孩子的立場去挑題目？

阿升的母親是新移民，工作是協助處理家中農務，以阿升一個有個性又常隱藏真實想法的孩子而言，怎能接受自己要去演說一個不是事實的稿子呢？

加上同在一起為演說而準備的另外三個同學用的都是國語，比賽內容又都是輕鬆有趣的幻想故事，相較之下，自己的嚴肅又不討喜。兩相作用下，孩子心裡的排斥有多大可想而知。

發現問題後，我心中滿滿內疚，只是訓練還是要繼續，但我不再嚴格要求他，只有不斷鼓勵他背多少算多少。

比賽前一天，我找了與阿升單獨相處的時間，向他道歉。

對孩子的唯一要求

對於老師沒注意到內容的適切性很抱歉，也對於他的反應很能理解，所以明天上場沒演說完整時我不會怪他，但有件事情是他該做好，也是我現在唯一的要求，那就是上下台的禮貌。

看著眼前這孩子心甘情願的接受上下台禮儀的訓練，我的內疚又更加深了些。

隔天一早，比賽前，我再度陪他把上下台禮儀練習一遍。

比賽開始後，我站在所有當聽眾的孩子後頭，眼睛一刻都不敢離開阿升，隨時注意他神情的變化。

輪到阿升上台時，才開頭沒多久，或許是因為孩子們不習慣聽閩南語演說，台下開始傳出此起彼落的笑聲，這笑聲成了引爆阿升的火苗。

阿升沒有將他記得的部分背完。笑聲傳出的瞬間，他垮下臉孔，不再背誦。

在氣氛僵持了許久後，主持比賽的教學組長暗示他，如果忘了，就敬禮下台一鞠躬。

我緊張的看著阿升，並祈禱他記得我的叮嚀。

無奈事與願違，遲遲沒有動作的阿升最後是被硬請下台。

下台後，阿升立刻被校長帶到一旁開導。

很有個性的他，仍是不發一語，於是校長處罰他在一旁罰站。

放不下的擔憂

這一切，我都看在眼裡。阿升被罰站後，我走到他身旁，卻又不知道該說什麼，總覺得這件事演變至今，我需要負許多責任。

如果我一開始幫阿升挑的稿子是適合的，那如今還會有這些變化嗎？

這件事後來一直成為我心中的遺憾和不安，我一直很怕這事件在孩子的心中留下陰影，讓他不再願意接受挑戰，讓他不再願意站上舞台，讓他在看似豪放不羈的外表下有個放不下的挫折。

雖然是孩子，可是他們一樣有著敏感而細膩的心。這件事讓我引以為戒，隨時提醒我要更敏銳感受孩子的心思，要更懂他們的行為所為何事，因為**唯有他們的心接受了，我們要孩子學習到的事物才能達到效果，他們才能做得更好。**

讓孩子牽你的手

沒想到才走沒多久，我騰空的左手突然闖進一隻小手。

我低頭一瞧，原來是凱凱。

園遊會當天，沒帶班的我負責拍照，在把各個攤位、活動都拍過後，我在教室前的矮桌子上休息。

突然一個孩子吸引我的目光，那是因為常跟我玩鬧，而被同學戲稱是我兒子的凱凱。

凱凱家境並不算好，父親做工獨力撫養三個孩子，雖然如此，三個兄弟卻都很懂事，只是不同於大哥的拘謹和二哥的乖巧認真，他很天真活潑。

看著他和同學開心的來往每個攤位，卻始終只是在一旁嘻笑相伴。我猜想這小子應該早把學校分的點券都花光了，趁他經過我身旁時，我將他攔了下來，一問果然不出所料，只是眼見時間已接近中午，怕這小子餓肚子，於是輕聲問他：「肚子餓了嗎？想吃什麼，老師請你。」

「不用，我不餓！」只見這孩子用他開朗的笑容笑著回我。

雖然凱凱這麼說，但怕他只是不好意思，我便又多問了幾次，但他還是用微笑拒絕。

「好吧，那如果你真的肚子餓、想吃東西，可以來找老師喔！」

話說完，便放他繼續玩耍去了。

孩子的好家教

對他的客氣，我當下有點失落，以我們的交情，他可以更大方點，卻又感動這孩子的好家教，不因為家境不好，而對物質過於貪求，我只好先相信他真的不餓了。

又過一陣子，發現凱凱已不在各個攤位前流轉，讓他駐足不想離去的是六甲前的撈魚攤。

他開心的與大家擠在攤位前，邊看著別人認真撈魚，邊和得手的人欣賞手中剛得到的一袋袋小魚。

看這孩子久久沒有離去，我起身向前，將凱凱拉至一旁。

「就讓老師請你玩一次吧，一次就好。」話說完，我悄悄在他手心塞進一枚十元硬幣。

只見他握著硬幣，猶豫著不知要如何回應我，我趕緊再推波助瀾。

「沒關係啦！難得園遊會才有機會玩這個，你就讓老師請一次吧！」

思考幾秒後，凱凱終於開心的跟我道謝後，向撈魚攤奔去。

對於自己能滿足一下這孩子的玩心，我頭上的烏雲似乎散去一點。

零距離的分享

園遊會快結束前，我起身繼續拍照，拍得差不多時，我收起相機往回走。

沒想到才走沒多久，我騰空的左手突然闖進一隻小手。

我低頭一瞧，原來是凱凱。

「園遊會快結束了，你不把握機會，趕快再去逛逛嗎？」

「我都玩過了啊！」他依舊用著如陽光般溫暖的笑容回答。

在凱凱的陪伴下，我們「父子」倆就牽手邊走邊聊。

「老師，我們飲料現在大特價，飲料一杯只要十塊，快買一杯吧！」腦筋動得快的高年級孩子，帶著最後的商品，推銷清倉大拍賣，念在這孩子平日待我不薄，加上擋不住這孩子的「盧」功，我乖乖掏出錢包。

付錢前，我低頭問了凱凱要喝一杯嗎，這孩子卻還是一貫拒絕，我只好買一杯。

又走了一會兒，凱凱突然對我說：「老師，我也要喝一口。」

我以為我聽錯而遲疑了一下。

「我這杯嗎？我喝過了耶，這樣好嗎？不然你把吸管擦一下吧！」

「沒關係啊！」只見右手還牽著我的翊凱，大方的伸出左手接過飲料，然後邊喝著飲料邊和我繼續逛著。相較於孩子的單純信任，身為大人，想得較多的我反而顯得窘了許多。

最後那杯飲料就在我們你來我往的分享中喝完了。

可以這樣不分你我的分享食物，不是只有家人、密友和戀人才有的嗎？那幾分鐘裡，孩子與我之間毫無距離的簡單互動，溫暖我整個心頭。

但事實上，隨著孩子開始上學，許多家長與孩子之間的親密互動快速的消退，這也許是東方人的問題，孩子只是稍微大些，就不再和他們擁抱或牽手，即使孩子先主動示好，家長也不假思索的拒絕，但家長抗拒的行為其實傷了孩子的心，讓孩子與你之間有些距離，因此當老師後，我總會接受孩子對我的撒嬌或牽手，我相信這是一種不用說出口的關心和疼愛。

海豚游上了天

「老師，我畢業你會不會哭？」越靠近畢業的日子，傑鈞越愛問我這個問題。

每到畢業前夕，從實習那年產生的許多關於畢業典禮的想法，就會開始蠢蠢欲動，蠱惑著自己的教學安排。

直到去年，因緣際會下和畢業班的導師、電腦老師合作，活動、影片、平面三管齊下，不但氣氛熱鬧，而且還讓畢業校友、準備畢業的五年級學弟妹羨慕不已。雖然第一次將自己的一些想法付諸行動，效果不是很完美，但看見腦海裡的想像成真，還是非常開心。

今年回新興國小後，輪到采帆老師要送自己帶了三年的孩子畢業，由於和她很熟，於是沒有顧慮太多，一股腦將去年成果拿給她參考。

如果她和孩子有意願嘗試，我非常樂意全力支援。

只是眼看下學期時間都過了大半，采帆老師都沒有動靜，我以為這事沒譜了，沒想到就在自己漸漸沒把這事放心上時，她卻又帶著孩子動起來了。

最讓人佩服的是采帆老師未雨綢繆，這三年來幫孩子存了一筆為數不少的班費，讓最後整個畢業活動可以盡力施為，成果驚人啊！

有了去年的經驗，今年相對的，在時間、執行的過程上更有效率，加上采帆老師執行力驚人，孩子們配合度又高，最後又有同事們的場布支援，我們總笑稱今年應該空前絕後了。

既然要動起來，活動的主題、意涵、影像概念要先產生。

累翻，卻很值得

采帆老師挪了一天，帶孩子在學校裡外拍，還情商同事當專業攝影師，只是這天天氣雖好，卻非常炎熱，連我在內三個老師，早已疲憊不堪，孩子們更是隔天來上學後，直說以後不要當明星了，拍照好累喔！不過辛苦卻非常值得，因為當天拍出了許多很棒的照片。

由於照片的效果相當好，我興致勃勃的開始進行畢業海報的排版，但沒有主題和文案總覺得可惜，偏偏當時孩子們只討論出大概的方向，令人滿意的標題卻難產中。

為了趕緊讓大家看見海報的模樣，我臨時隨意寫了標題和文案，卻沒想到後來直接定案，至今仍令我不能接受，因為我心裡一直覺得不夠完美。

海報的初始概念，在拍照前就和采帆老師討論過，想嘗試電影「九降風」的風格，所以在拍照時刻意拍了一組仿「九降風」的照片，不過在排版時因為越玩越開心，索性做了七個版本，讓同事和孩子票選。

讓我意外的是，「九降風」居然還是脫穎而出。

原先我一直擔心人物太小會引來大家的排斥，所以在其他版本都以臉孔清楚的照片為主，沒想到「九降風」卻高票勝出。

海報、主題、文案都已確定，接下來所有的構想就可以全面展開了！

畢業紀念冊，我們自己來

這是一個關於大海的傳說，

十三隻神之一族的海豚，
通過萬神之首宙斯六年的考驗，
得以越過海天阻礙游入天界，
為海的子民帶回更多屬於成長的力量……

畢業紀念冊是小校的悲歌。畢業生人數少，造成有些印刷廠根本不願開版，不然就是需要付出很高的單價。

去年待的學校就說創校以來，從沒有製作畢業紀念冊。

這兩年或許是因為少子化影響，小校變多，於是有廠商發現這個市場，開始做起少量畢業紀念冊。只是價格雖然比較低，但對於偏遠地區小校的孩子而言，我還是覺得太高。另一個讓我不喜歡的地方是，從ＤＭ看來，編排很差，沒有符合訂價該有的價值。

今年原先的構想是比照去年，帶孩子製作半手工的畢業紀念冊，然而就在導師帶著孩子寫畢業感言和挑選照片的同時，我意外發現自己常在網路付印的印刷公司，推出了少量彩色書冊印刷服務，價格便宜快一半，頁數也較多，唯一的前提是要自己排版完成。

我興奮的趕緊跟采帆討論，在預算允許，她也贊成的情況下，這想法立刻就定案了。

不過定案後沒多久，我卻有些猶豫，因為兩種做法各有優缺。帶孩子半手工自己裝訂，好處是孩子親自完成自己的畢業紀念冊，意義非凡；缺點是外觀上會有些瑕疵，而且會在導師最後忙碌的畢業前夕，又多占用了一些時間。至於交給印刷公司印，除了省時省力，美觀更是相當吸引人的地方。

最後在幾番掙扎後，決定交給印刷公司付印，除了不想增加導師的困擾，我也很好奇這畢業紀念冊的質感。

然而做下這個決定後，苦的是自己和采帆，為了趕在畢業典禮讓孩子拿到，加上印刷公司需要五到七個工作天，我瘋狂排版。采帆則必須在我給的最後期限內，帶孩子完成畢業感言和製作個人生活照片寫真。

在焦慮和漫長的等待後，收到畢業紀念冊那天，我先是興奮的獨自反覆看了好幾遍。第一次拿到自己排版印刷出來的書冊，感覺非常特別。

驗收完畢後我立刻帶著所有的畢業紀念冊直奔學校，除了要趕緊完成後續的包裝外，當然也要炫耀一番啦！

每每看見自己的所學，可以帶給孩子不同的感受，心裡總是非常激動與開心，我也會覺得這是老天爺讓我學了平面設計的天命，雖然親友總不能理解，為何我不留在廣告界發展，為何不利用這項能力賺點外快，但我總是傻笑以對，因為有些感受只能意會，不能言傳。

這樣一本畢業紀念冊，或許對都市的孩子而言，就只是畢業紀念冊，可是對這些鄉下孩子而言，這本畢業紀念冊的產生，除了孩子也付出心血，裡面還夾著老師們對他們的關心、喜愛和期待。期許這樣不同的情感，能帶給他們善的力量，一路平安茁壯！

你們就是主角

海報和畢業紀念冊順利產出後，後面需要孩子協助的部分也所剩不多了。扣掉畢業生既定的愛校服務外，孩子最重要的工作就是布置畢業典禮會場。

畢業典禮會場的設計圖主要來自導師和孩子，海豚的意象也持續成為會場主角，簡單來說就是一氣呵成啊！

不過今年畢業典禮不同以往，居然選在星期一，於是采帆老師和孩子還得在星期日下午到校完成場布，但氣球場布不是說做就能做，於是擅長氣球布置的同事們也都到場協助，連校長、主任都到場了，再晚些時，住宿舍的同事收假回來後，也跑來關心，這陣仗大概不是普通學校可以看得到。

快天黑時，采帆老師為了孩子們的安全，先讓他們回家，同事們則留下來收尾。看著大家各自發揮所長所完成的場布，我們跟校長笑說要集體辭職，因為我們要組個團隊去接場布case賺錢。校長則笑著回說等你們接得到case再說，呵呵。

至於我在畢業紀念冊送印後，其實還持續忙著。除了去年已經玩過的畢業光碟和紀念鑰匙圈外，今年再加上兩張場佈大海報、四款謝卡和進場ＭＶ。同事們都笑說我根本把畢業典禮當婚禮在辦，不過還是有些遺憾，某些構想後來因為時間不夠，所以放棄或沒完成。

今年也同樣將畢業紀念冊、畢業光碟、紀念鑰匙圈和畢業照都利用熱縮膜包裝成一套畢業產品，裡頭還有張印著孩子照片的小卡片，上面是導師給每個孩子的離別叮嚀。

當天會場門口後來還擺放了兩盆漂亮的紫花，這花名為薑荷花，是校長的哥哥一大早幫他準備好的。當天典禮結束後，意外成為家長熱門索取的另一樣紀念品。

再檢查看看，嗯，應該都準備好了，孩子們，接下來就換身為主角的你們登場了，準備好了嗎？

連續哭了五年

「老師，我畢業你會不會哭？」越靠近畢業的日子，傑鈞越愛問我這個問題。明明身形外貌已擺脫小時候胖胖、肉肉的可愛模樣，成為一個身形高瘦的小帥哥，怎麼還問著這樣可愛的問題？害我每次聽完都先笑個不停。

這班孩子是到目前為止，我在這所學校最後一屆較有特殊情感的了。

開始當老師後，他們是我第一次接觸的低年級孩子，當時我總笑稱低年級的孩子是小惡魔，能帶低年級的老師都是神，而我著實花了好長一段時間，才摸索出與低年級孩子相處的方法和模式。

他們身上有著一股直接的純真，跟某些孩子看到老師會立刻收斂行為舉止大異其趣，最讓人難忘的是每次他們遠遠看到我時，就會大喊：「尉成老師！」然後朝你飛奔而來，一把大大的把你抱住，牽著你，或就這樣抱著你一起進教室。

每次面對這樣的熱情，不習慣的我反而顯得僵硬許多。直到他們升上高年級，開始越來越成熟後，這樣的特質才漸漸的褪去大半。

這群孩子也很有趣，他們打從一年級參加畢業典禮開始，每年畢業典禮都哭到唏哩嘩啦，就這樣哭了五年。

我常跟同事笑說：「會不會好不容易換自己當主角了，結果一滴淚都哭不出來？」後來事實證明，不是哭不出來，是哭得更慘啊！

但孩子就是孩子，一定會有他們的缺點，或需要改善的特質。不是導師的我們可以輕鬆看待孩子的行為，但每日相處的導師卻得花更多心思去面對和處理，所以當孩子遇上對的老師，似乎什麼都對了。在采帆老師三年的教導下，這群孩子身上沒有一絲高年級孩子會讓人擔憂的青春叛逆，小時候的可愛純真，甚至還都可以在他們的言行和眉宇之間找到幾分。

或許也算是移情作用吧！自己第一個帶班的班級，今年也要畢業了，和那群孩子的牽絆其實很深，卻在峰迴路轉之下，不但沒機會在他們身上實現一些自己對畢業典禮的想法，連最後的畢業典禮都無法出席，然後我回來到這學校，遇見采帆老師和他的孩子們，然後我們開始設計起了畢業典禮，然後或許因為那邊無法實現的遺憾，所以今年玩得更用力！

謝謝孩子們給了我一個實現夢想的機會，我知道一旦錯過這次，下次的機會或許是很久以後了，因此很感謝采帆老師對於我的任性全盤接受，雖然你總笑說我為了進度緊迫盯人，像是在追殺你，卻又拚了老命的把每樣工作都完成。算了算，需要你和孩子協助的都完成了，沒實現的反而是只需靠我自己的部分，真是汗顏啊！

祝福孩子們能平安、健康長大，能一直保有你們心中的純真，能記住老師對你們的叮嚀。

你說的話，他比較會聽

陪伴他們成長是一件很幸福的事情，也因為彼此這份難得的感情，有時我會接到孩子們家人的電話，內容不外是最近孩子哪裡表現有問題，希望我可以幫他們勸勸孩子，因為：「你說的話，他比較會聽。」

七月底，當雲林教師甄試考完的那天，婉拒了同學的聚餐，因為前一天已經跟當替代役時就認識的弟弟們約好要一起吃飯了。

六年前，在我剛到學校服替代役時，他們正就讀六年級，對我而言他們意義非凡，他們是我進入校園認識的第一批學生，在他們身上一樣有很多很棒的回憶。

他們會想到你

當時的那群孩子裡，後來和我很好的有三個。三個人三種個性，在往後的求學過程，也都各自走在不同的道路上，然後自己很榮幸的，能一直分享著他們的成長。

很感動，因為這些孩子們會想到你，當他們學業表現優秀時，當他們開始談戀愛時，當他們戀情無疾而終、鬱鬱寡歡時，當他們在龐大的課業壓力下偷閒時，當他們有困難時，當他們心情不好時，當他們開始摸索出一條路想跟你分享時。

陪伴他們成長是一件很幸福的事情，就像在體驗、陪著自己的孩子成長一樣。也因為彼此這份難得的感情，有時我會接到孩子們家人的電話，內容不外是最近孩子哪裡表現有問題，希望我可以幫他們勸勸孩子，因為：「你說的話，他比較會聽。」

大學學測最後一天，要不是盛智來電，我都忘了他們又走到人生的另一個考驗。不同於國中時代對他們的擔心，隨著感受到他們的成長、成熟，我慢慢知道可以相信他們自己了，可以更大膽的支持他們，因為他們將慢慢帶著自己走出一條屬於自己的路。

嘿！年輕人們，不管考得如何，不管接下來還需不需要統測，還是指考，先放鬆一下吧。

當八年的時光走過

和這些老弟聚餐，才發現原來又過一年了。

常常都不太知道該怎麼介紹這三個孩子，他們是我服替代役時第一屆送走的學生，說他們是我的學生也不算，因為當時我的身分不是老師，要直接介紹他們是我的弟弟，又會讓一般人一頭霧水。

但他們就這麼自然的叫我一聲哥哥，從以前到現在，他們叫的自然，我聽的感動。只是當時兩班畢業生這麼多孩子，為何獨獨與這三個孩子有如此像家人的關係，這大概就是緣分。

轉眼八年的時光過去，陪著他們一路從國小到大學，曾經陪著他們失戀、對未來徬徨，曾經好長一段時間擔心著他們的課業、品行和人生規劃，但這些擔憂隨著他們走過青春期、心性開始穩定後，也慢慢減少。

一年前，他們正面臨大考，我關心著他們的未來，三不五時陪他們討論著該往哪個方向，**我給出我最大的支持**。雖然三個老弟三個方向，但最終一一塵埃落定，各自有了自己的下一步。那是我近來最後一次為他們擔心。

這一年來，自己就沒再為他們操煩過，即使各自的部落格偶爾會透露出一些壞心情，但我心裡卻不再如之前的擔憂，有的只是對他們的信任和放手。

「他們已經長大了！」偶爾想起在新學校展開新生活的他們時，腦海裡總會浮上這樣的感覺。

那天聚餐時，也許是常見面，看著他們的臉，覺得他們好像都沒變似的，難怪人家說：「在父母眼中，孩子永遠是孩子。」可是看著他們的身形，聽著他們說著這一年的生活，心裡又不斷的認同他們又成熟了許多。

就這樣邊吃著晚餐，邊聽著他們說著這一年的新生活，氣氛依舊熟悉，歡樂無法取代。我在享受一種當爸爸的幸福，吾家有子初長成啊！

這樣單純的幸福應該可以延續下去吧！期待可以繼續看著他們更加獨立懂事，然後成家立業，牽著老婆孩子，然後有天身為「阿貝」的我，可以開始不留情面的在那些姪子面前講古，說著他們老爸的羞澀青春。

可惜這晚的聚會其中一個小老弟有事沒到，使我們沒有機會留下完美的四人合影。缺席的你，下次記得出席喔！

星期六傍晚，又一年不見的小老弟們臨時相約吃飯。顧不得正在忙著家裡二樓重新裝潢的善後，暫時停工準備聚餐去。

出門前，特地先打了預約的電話，因為這家店前兩年想帶他們去吃飯時總遇到公休，還好這天他們有營業，不然連續三年都撲空，我大概會嘔死。

從他們高二升高三的暑假開始，每年的暑假一起吃飯變成了沒說出口的約定，然後我開始習慣和期待這樣的聚會，期待聽聽他們這年的生活片段，看看他們的心思又有了些什麼變化。

只是今晚的聚會顯得倉促，一個半小時不到，因為老弟們各有各的行程，不得不散會，比起前幾年聊到盡興、拍了一堆做作照片後才離開的滿足，這次連張合照都沒拍到就結束了。

令人感動的成熟

沒想到就在帶著有些意猶未盡的心情、拿出皮包準備付錢時，身邊的兩個老弟笑著邊推邊拉的帶著我往外走。

一開始我還沒意會到發生了什麼事，直到在他們瞎扯的過程裡，看見他們與老闆娘給彼此一個充滿默契的微笑，我才領悟到原來他們剛剛已經偷偷付完錢了。

前幾年聚餐時，總習慣由我買單。他們還沒有經濟能力，讓他們陪我吃飯還要花錢，心裡總過意不去，而且能有他們陪著說說笑笑，讓我知道他們過得好不好，對我而言已是無價的收穫。

沒想到他們已經長大到換他們請我吃飯了嗎？那瞬間突然好感動，有種「啊，原來他們都已經是成人了！」的驚喜，而原先不能盡興的失落此時已煙消雲散。

雖然沒有機會聽完他們一年來收穫，但他們卻用行動讓我感受到他們的成熟、懂事，不過老哥我還是不習慣，下次還是我來吧！

踏出門口走向摩托車的幾步路上，老弟盛智淡淡的說著：「可惜，今天都沒有拍到照片。」是嗎？原來我們心裡感覺其實都一樣啊！

沒關係，等你們把暑假想看的都走過後，開學前還有空的話再相約來這裡，然後再拍一堆很有fu的照片吧！

人生的重大決定

那晚步出餐廳後，同方向的兩個小老弟先行離開，然後在和要獨自前往虎尾的盛智簡單話別後，本該要結束這次的聚會。

結果幾句話別，卻打開了話匣子，兄弟倆就這樣在只有幾盞暈黃燈光的餐廳庭院門口，靠著各自的摩托車聊著。

我很喜歡聽孩子們說著他們自己的事，不管年紀小的，或是已經長大的，因為你可以從他們說話的內容和用字遣詞，去知道他們的世界，去知道他們每段時間的喜好和煩惱，去感受他們的成長。

幾個老弟裡，從小盛智是最常與我聯絡的，但他對我卻總是報喜不報憂，每次來電或見面時，說的都是最近生活的趣事或成就，連失戀都是輾轉得知，但當人生遇到需要做出抉擇的困惑時，卻願意與我分享、討論一番。

這晚，這孩子開始談到他的人生觀和一些想法，這是個長大的軌跡。

他們開始有清楚的屬於自己的觀念，意外的，原來我們有滿多相同的地方，只是有些部分聽入耳裡，卻讓我心酸了一下，因為我現在抱持的態度是自己這些年跌跌撞撞下慢慢雕塑出來的，這樣的產物不該出現在他現在狀況正顛峰的腦袋裡。

我對他說：「**你還年輕，不該太早把話說死，應該再多去嘗試和挑戰，就算不順利也沒關係。**」

接著準備升大三的他，這個暑假，也面臨要做下他目前為止最大的決定。剛滿二十歲的大二生現在是什麼心態？過著什麼生活？也許還沉溺在大學任你玩四年的糜爛裡，白天翹課睡覺、晚上唱歌、夜遊、玩通宵，未來？還久，想這做什麼？可是盛智因為讀海軍官校，這年大二的暑假他已經必須決定要往海軍，還是陸戰隊發展，這個決定將影響他往後二十年的生活模式。

支持、支持和支持

聽他說著各自的優缺利弊，聽出他對這兩個方向都還存在一些沒被解開的疑惑和擔憂，我知道他正面臨前所未有的大抉擇。

但我幫不上忙，隨著孩子越大，他們所走進的領域會是我越來越陌生的。我不想裝得像個見多識廣的大人，一副老練的直接給他建議或決定，因為雖然困惑，但**其實他比我還懂他自己面對的問題**。

我能為他做的，除了幫他解答一些我懂的疑慮，提點一些他沒有考慮到的，剩下的只有支持、支持和支持。

暫時決定選海軍的他，淺笑著對我說：「哥，所以你要趕在兩年內結婚，這樣我才有機會參加，不然等我畢業上船後，就大概沒有機會參加了。」

那瞬間，我的心又酸了一下。

從小就貼心、懂事、總是有著單純開朗笑容的盛智，每當知道他的一些低潮或困擾，心裡總會很心疼，可是他又總讓你很放心，因為**他一直向你證明他會走出低潮，會認真面對每個決定，會讓你一直看到他的成長**。

哥，騎車小心喔！

那個晚上，兄弟倆在餐館門口聊了快一個小時後，怕他回家太晚所以結束了談話，就在騎上各自的摩托車準備離開時，這小子從他被安全帽擋住的嘴裡對我說：「哥，騎車小心哦！」

這時突然一股溫暖的熱氣由心頭吹向眼眶，眼前這臉孔從小到現在其實感覺沒什麼變的孩子，如今不管進退應對、說的、做的、想的，儼然都已經是個扎扎實實的大人了。

離開時，讓他先走，而我騎在後頭，因為我明白年輕的他們不自覺前進的速度就是會比我們快些。

一個紅綠燈的差距，我已看不見他的身影，卻又在前方兩個人將分道揚鑣的岔路口上，看見他在等待著與你再次告別。

陪伴孩子成長就是這樣的畫面嗎？才學會走時，你會放慢速度等他；慢慢大些了，你們可以自在的用著相同的步伐前進；等到他開始要像個大人了，就該放手讓他興奮看世界的腳步盡情加速，去建構他自己的未來，但別不捨，等他們有空或累了，自然會停下腳步等你，與你分享他們的所見所聞。

去年他因為天候不佳沒完成環島計畫，明天又要再度出發完成這個夢想，那晚吃飯時送他蛙大的書《島內出走》，希望給他不同的角度去面對旅行。期望這趟旅行會帶給他一些新的視野，或是更清楚自己的思緒。

星期四，這老弟撥了電話給我，他興奮的分享著看完書的感動。

他說蛙大的文字和圖片都深深的打動他的心，超想趕快出發的。聽到電話裡那頭不斷傳來激動、高興的聲音，那晚分開後的不捨瞬間被沖淡了不少，感覺真好！

祝福你這次的環島圓滿成功，也希望可以如同你騎車上下雪的合歡山，一補哥年輕時的遺憾，用你的眼睛連哥這一份用力的把台灣看一看，然後回來和哥分享吧！

看見被隱藏的優秀

根本不懂看時間的凱偉，生理時鐘卻已記下與我有約的時刻，即使生病，也念念不忘這節課，這是他堅持來上學的理由之一。

初次見面的震撼

二〇〇二年初分發到學校服替代役時，才剛被指派協助管理圖書室沒幾天，就被校長請到校長室。

校長說一甲班上有個特殊兒童，在班上跟不上學習，老師礙於人數眾多，也無法關心到他，但不關注他，又常常影響其他孩子上課，問我可不可以每天撥一節課在圖書室陪這孩子。

當時自己剛到學校，對這裡的孩子都還很陌生，根本不知道是哪個孩子，加上自己當時對教育還不是很了解，想說陪個孩子一節課而已，應該不是什麼大問題，便欣然接受了。

隔天第一節下課，我便到圖書室準備開始這個新任務，就在第二節上課鐘響後，導師和一名女同學陪著凱偉來到圖書室。

當我第一眼看見凱偉，心中不由自主的有些不舒服，這孩子看來面無表情、眼神空洞。之後導師在跟凱偉介紹我、跟我說明這孩子大概的情況後，便帶著陪同前來的女學生準備回教室去上課，沒想到，可怕的事發生了！

凱偉在發現他將一個人被留在圖書室時，放聲嚎啕大哭。導師明白這就像他剛來上學時的過渡期一樣，習慣就沒事了。在好好跟凱偉安撫幾句話後，帶著學生回教室。但我可是一點經驗都沒有，望著眼前這不認識的孩子，他哭得越大聲，我就跟著越慌，根本不知道要如何安撫他。

隨著時間拉長，凱偉的哭聲越來越淒厲，聽得我都害怕起來，還好這孩子除了哭，並沒有做出其他誇張的舉動。

束手無策的我，只好先拉兩把椅子，讓自己和凱偉坐下。這孩子坐是坐下了，卻將自己轉過身，面對門外繼續哭。

很明顯的，他一點都不想理我。為了增加他對我的信任，後半段時間，我除了不斷幫他擦眼淚和鼻涕外，也一直重複說著：「你不要哭，只要等一下下課鐘聲響了，你就可以回去了。」

我以為在鐘響時讓他離開，他至少會知道這個陌生人說到做到，不是壞人。

就在感覺像過了一天這麼久後，下課鐘聲恍如救世鐘般響起，我趕緊對他說：「你看，下課了，不要哭了，可以回教室了喔！」

凱偉立刻收起哭聲，離開椅子，一溜煙跑回教室。

這一節課，他從頭到尾，連瞧我一眼都沒有。

等凱偉離開，我整個人癱在椅子上，連學生來借書，我都懶得動。

「原來這根本不是簡單任務！」我心裡這麼想，真不敢想，接下來每一天我要如何面對這個孩子。

這是凱偉和我的第一次見面，如此鬼哭神號的四十分鐘！

一次又一次，只求讓你聽懂

第二天，當凱偉再度被同學帶到圖書室，沒有意外的，他還是放聲大哭，也還是一直坐在椅子上，朝著門外。

他還是不願意看我，不過情緒的波動已經變小。哭泣不再維持一整節課，我才感覺或許我們之間還有其他的可能，只是目前，我還是只能對他說：「你不要哭，等一下下課，鐘聲響了，你就可以回去了。」

第三天，凱偉不再哭泣，爾後隨著日子一天天過去，我們之間逐漸熟悉。

在我心裡開始完全接受這孩子時，我認為每天這樣陪他隨便過一節課，實在不是個好點子，**我希望自己可以讓他變得更好**。

我跑去向凱偉的導師求救，師範體系出身的她，熱心地拿了一些關於特殊教育的資料給我。

面對這些資料，沒有教育背景的我難以消化，還好我了解到原來音樂、藝術和遊戲都有它的療能作用，而要教給特殊兒童的知識或技能，需要更細部的分解和很多的重複練習。

我每天排不同的活動給他，畫畫、音樂、運動、遊戲、寫字和認識數字，隨著互動增加，我看到他的笑容，我發現這孩子並不像第一印象中的傻楞。

凱偉的確是個特殊兒童，他口語不清、表達無法完整。我花一個學期教他學會認識阿拉伯數字1到9，他卻在一個寒假過後全都忘了。他走起路來不像一般孩子可以完全挺直，手部的力量比同儕小了許多，當時的他，沒有辦法把籃球用力得拋高。

但他雖然口齒不清，卻很討厭說話時，你裝懂。如果你因為怕傷他的心而裝懂，他就會別過頭，拒絕再回答你的問題；但如果你能誠實的告訴他，你不懂，請他再說一次，他會不厭其煩的一次又一次回答你，並且修正說話的速度和力道，只求讓你聽懂。

他雖然沒辦法記住知識性的東西，卻可以連名帶姓，記住全班同學的名字。尤其下課時，聽到他與同學邊追逐邊大喊對方的名字，我總會覺得很開心。這時的他，根本和一般愛玩、調皮的孩子沒有兩樣。

他雖然力氣不大，卻可以將許多動作模仿得唯妙唯肖。

記得當時正流行戰鬥陀螺卡通，他喜歡假裝自己有個戰鬥陀螺，從組裝到發射的動作一一做足，就連發射後，與對手激戰的聲音也學得有模有樣。

有陣子，當我發現凱偉快來到圖書室，我會躲起來，等聽到凱偉呼喊「尉成葛格」，我出聲，吸引他來找我，然後我們兩人就在圖書室玩捉迷藏。

沒想到玩過幾次後，這小子居然反將我一軍，因為凱偉只要逮到機會，能先我一步到圖書室，就會換他躲起來讓我找，但他哪玩得過我。雖然如此，他卻非常開心，每次被我找到時，總會開懷大笑。

如今想起凱偉獨特的咯咯咯笑聲，我發現他的笑容在我心裡依舊清晰，而且充滿單純與快樂！

我抱起他，陪伴他

和凱偉相處一段時間後，在和導師討論下，我們決定幫凱偉申請鑑定。希望透過專業的協助，釐清影響凱偉學習的問題，因為我們都覺得依照凱偉的表現看來，他不像單純智能上的問題。

鑑定人員來的那天，我和導師陪同凱偉待在圖書室進行鑑定。但為了怕太多外人在場影響結果的客觀，在鑑定開始時，我選擇坐到兩張桌子後去。

就在鑑定一開始，狀況就來了，即使這段時間凱偉有成長，但面對一個陌生的大人，凱偉還是選擇逃避。

他根本不看鑑定人員一眼，更遑論回答他的問題，甚至不願坐在椅子上，一副隨時準備逃離的模樣。

眼看再這樣下去，不用等到鑑定結束，我們都猜得到凱偉會被判定成哪種學習障礙，於是我上前去安撫凱偉，然後抱起他，陪他一同坐在椅子上。這時凱偉情緒放鬆許多，也願意開始面對鑑定人員。

但這已是他最大的讓步。對於鑑定人員的提問和工具，他始終保持緘默，於是最後的鑑定結果，並沒有出乎我和導師的意料之外，不過我們都認為這次的鑑定無效，因為這不是平常凱偉的模樣。

原來，傷人的是……

沒想到幾天後，就發生了影響我很深的事。

和凱偉相處越久，越會發現這孩子有很多可愛或特別的地方，例如來上學這麼久，即使現在的他下課後，也會和同學追逐，但偌大的校園，卻依舊有凱偉不願意走入的地方，那就是教室後方的空地，和辦公室所在的前排建築。

教室後方的空地人煙稀少，有時疏於整理，顯得雜亂無章，凱偉會害怕過去，情有可原，反正這樣對他也安全。

但辦公室所在的前排建築，明明有許多教職員工，下課時，許多孩子也都在前庭玩耍，凱偉的抗拒讓我百思不得其解。

為了改善他的狀況，也希望他多和大人接觸，我曾試過幾次假裝和他在操場玩耍，然後慢慢往辦公室方向移動，沒想到就在即將穿過操場時，他總會發現，然後拒絕再往前。

最後成功的那一次，是我假借將常帶給他玩的教具，放在辦公室的名義，請他陪我走一趟。我們兩個人牽著手，邊走邊玩，帶著笑容，開開心心順利的走進辦公室。

既然來到辦公室，我希望凱偉可以藉機多認識學校的教職員工，我藉故多留了一會兒，和凱偉在辦公室說說笑笑。

只是沒多久，我發現眼前的凱偉笑容消失，原本神采奕奕的眼神瞬間也空洞起來。我立刻朝背後一看，原來在辦公室的同仁看著凱偉露出一種複雜的神情，那神情讓我不舒服起來，就像也看著我似的，我立刻帶著凱偉離開辦公室。

當天後來我很生氣，不懂同仁為何要用令人不舒服的眼光看凱偉，直到我冷靜下來，我才發現不是他們的錯。

他們和我一樣，對特殊兒童有著某些不好的刻板印象，而我才知道，原來當初我第一次看見凱偉時的目光這麼傷人。這或許就是他不願看著我，又拚命嚎啕大哭的原因吧！

在這之前，我總以為特殊兒童因為他們的特殊，所以反應和感受比一般孩子來得遲鈍，如今從凱偉身上，我才發現並非如此，特殊的他們，心思可能更敏感，也更容易受傷。

因為這件事給我的震撼，**我深深體悟，對孩子，千萬別被第一印象和別人的評價所影響，這些訊息可以參考，但更重要的是自己去深入了解孩子，用公平的角度去認識孩子**，那你或許可以看到這孩子不為人知的一面，和得到許多的感動！

即使生病，也沒忘記

在學校服役的中後期，工作量隨著熟悉而逐漸多了起來，有段時間，在還不懂如何調適時，我竟然有些抗拒每天陪伴凱偉。

陪凱偉每天也不過一個小時，可是在那段適應不良的時間裡，我感到身心疲累。剛好那段時間，凱偉因為家庭狀況不穩定，加上常感冒，請假的次數多了點，每次只要班上同學來跟我通報凱偉請假，我總會感覺如釋重負。

在兩種因素交相作用下，後來在需要陪凱偉的時間裡，我不自覺的意興闌珊，課程也不再像之前那麼用心規劃。簡單來說，我開始在敷衍凱偉。

一段時間後，某個下雨天早上，我如同往常在第二節上課時背背包，穿過教室走廊，準備到圖書室陪凱偉，就在我經過他的班級時，導師告訴我凱偉沒有來上課，我心裡偷偷鬆了一口氣。

但上課時間過一半時，我卻從門口望見前方教室的走廊上有兩個眼熟的身影，那是凱偉和他的媽媽。

我以為媽媽是準備帶凱偉到教室去，順便跟導師交代一聲。但他們卻路過教室後朝圖書室而來，這一幕，頓時讓我有點緊張。

來到圖書室後，「你就是尉成葛格喔？」凱偉的母親和氣的問著。不知所措的我，趕緊起立微笑點頭。

「凱偉昨晚發燒，我今天早上帶他去看醫生，雖然燒已經退了，可是我擔心他還會再發燒，所以要他請假，不要上學，結果他一直吵說要找尉成葛格。我跟他說不然晚點再去好不好。他說不行，一定要現在！」

聽完這番話，我向她解釋，因為我每天固定這段時間陪他，所以他才會堅持現在來。明白緣由之後，凱偉媽媽交代轉達導師注意的事便回家了。

等她離開，我看著身旁這個笑著玩教具的小孩，心裡非常感動。

時常掛在嘴上的名字

根本不懂看時間的凱偉，生理時鐘卻記下與我有約的時刻，即使生病，也念念不忘這節課，這是他堅持來上學的理由之一。曾幾何時，「尉成葛格」更是他時常掛在嘴上的名字。

因為如此，我感到非常慚愧與內疚。凱偉是如此信任和依賴我，但在這之前的我，卻因為自己工作的不順而想逃離他。

因為有了這次震撼，我學會調整心態，後來當工作與陪凱偉的時間相牴觸時，我選擇以陪凱偉為優先。

再怎麼忙，其實也不過是一個小時，尤其有時自己晚到，遠遠就看到凱偉在教室門口朝著辦公室找尋我的身影。當他發現我時所露出的開朗笑容，反過來變成我忙碌生活裡的調劑。

現在想想，我就像現代的父母，總因為工作忙碌而覺得沒空陪孩子，可是偏偏孩子需要的正是家長的相伴，即使一天只有半小時也沒關係，他們才會感受到父母的關心，也才可以得到家庭的溫暖。

花點時間換得一個孩子的笑容，我想再累都是值得的，而且很快孩子就會長大，當他的世界越來越大時，你才想享受單純的親子時間，或許已經來不及了。

懂事，得來不易

二〇〇三年，隨著我退役的日子慢慢接近，凱偉也長大許多。

活潑有趣的他，如今非常受到同學及老師們的喜愛。同學帶零食來，總會主動與他分享，而已能大膽自由來去辦公室的他，每次進辦公室，也總會從老師們手上得到許多飲料和餅乾。有陣子凱偉發福得嚴重，為此導師還和我們達成共識，暫時別再一直給他零食。

而**他也越來越懂事，開始會主動幫別人的忙。**

當時圖書室還未電腦化，所以學生的借還書都是我手工一一登記。我會請孩子將書和借書證排好放著，等我登記完，再利用下課時間，用推車將書送到班上。

有一次下課，當我將一整車的書拖到走廊，轉身將圖書室上鎖後再出來時，發現推車居然不見了，我趕緊走到教室前的走廊上，發現凱偉正用他不太靈活和協調的動作，賣力的推著笨重的書前進。

來到第一間教室後，他小心翼翼的停好推車，隨手抱了一疊書送進教室，跟在後面偷看的我是好氣又好笑。

他的動作如此有模有樣，但書其實亂分一通，我只得趕緊上前，將書重新整理好，引導他陪著我將書送完。

那次之後，這變成他每天的重要工作。有時我下課還在登記時，他還會不耐煩的用著他含糊的口語催促我：「尉成葛格，快一點！」

而當學校的校長和老師們看到這一幕，總會因為驚訝而大大給他讚美。看著他開心的笑容，我想他也很滿意自己的表現。

退役前的最後一堂課，不知道他懂不懂分離，所以我並沒有跟他說明，我只是帶著我的相機，想帶走他的一些身影。

沒想到這可愛的孩子面對鏡頭，不但沒有一絲不自然，反而大方的變化姿勢，一開始走可愛風，開心的笑著，或不斷揮舞ＹＡ的手勢，後來還出現帥氣的姿勢。

退役後，偶爾可以從同事口中聽到凱偉的消息，越來越大的他也越調皮，上課時常有許多好笑的事發生，和同學的相處依舊融洽，讓不在身邊的我感到非常放心。

然而，就在我讀完師資班，準備回學校實習時，凱偉轉學了，全家搬到較繁榮的鄉鎮，從此便沒了凱偉的消息。

因為你，我開始不同

算了算，現在的你，已經是高一生了，不曉得你是否還在上學？是否具備照顧自己，甚至謀生的能力？尉成葛格要謝謝你那一年多的陪伴。

那段時間，你讓我成長許多，更讓自己在還沒成為老師前，就開始有一些自己的教育觀點。

因為你，讓**我每次在面對被貼上行為偏差標籤的孩子時，總能拋開過往，用自己的心去重新認識每一個孩子，然後在他們身上看見被隱藏的優秀。**

要再見面是很難的事，但尉成葛格會在心裡記著你！

陪偉偉，走一段人生路

午休鐘響後，偉偉踏進辦公室，準備要找我，一位看見他的同事，也立刻對他說：「偉偉啊！厚，你怎麼會考這麼爛，枉費你尉成老師這麼認真在教你，你怎麼考這種成績？」

那一刻我傻了，不管大人、小孩都說著一樣的話語。

當替代役時，一天的第一個工作是開門。一大早起來，必須把大門及所有辦公室、教室的門都打開。

開完門、用完早餐後，到七點去門口站導護前，還會有段時間，這時我習慣去辦公室外頭，看看尚未被孩子們的喧鬧聲淹沒的校園，享受屬於這塊土地的寧靜。

不一樣的孩子

這樣做，自然會與許多提早來上學的孩子碰面。第一次注意到偉偉，就是在這樣的早晨。

一般而言，早上碰面的孩子大概只有兩種，第一種孩子見到我，即使睡眼惺忪，他們還是會主動說早安；第二種孩子，不會主動打招呼，所以我都會反過來先打招呼。久了，這些孩子也會開始向我道早安，不管是先說或後說。

偉偉之所以引起我的好奇，是因為他並不屬於這兩種。

每天早上，偉偉都是和堂哥一起被阿公載來上學。堂哥是屬於第一種的孩子，偏偏偉偉一點都沒被影響，即使我先打招呼，他始終無動於衷。可是我從來沒覺得他不禮貌，反而覺得他很有趣，個子小小、身材卻感覺很結實的他，總是習慣兩手緊拉書包的背帶，頭不自覺的往前伸，眼睛始終盯著地面，然後用著自己的步調走向教室。每次看著他的身影，心情總會很好，當時我還不知道偉偉的名字。

一天，中午放學時，下起傾盆大雨，家長、學生及協助放學的教職人員全擠在中廊。當學生走掉大半後，我才看見偉偉及阿公站在中廊的邊側，看來應該是在等堂哥。

我走上前，跟阿公打聲招呼後，便蹲下來，想試著跟偉偉說話。

「你好啊！你叫什麼名字？」我笑著問他。

「……」沒想到這小子居然維持他一貫的動作，連看我一眼都懶。

「阿朗哥哥類尬哩公衛，哩系每要印喔！」看不過去的阿公突然出聲。

（阿人家哥哥在跟你講話，你是不會回答嗎？）

「丁X偉」，終於聽到這小子說話了。

接下來因為偉偉書包邊袋的一張圖，我們開始有了第一次的交談。

那是他在課堂上玩的吹畫，他告訴我怎麼做。只是我們雖然開始有了互動，每天早上，偉偉仍然維持一樣的不回應、一樣的姿勢和一樣的步調。

這個階段裡，我只是覺得這個孩子很可愛，偶爾遇到了，會跟他說幾句話。真的開始覺得偉偉特別時，已經是他升上二年級的事了。

再抱一次

偉偉升上二年級時，大概等於我在學校服役半年。慢熱的我，總算是對一切的人事物感到自在，也清楚自己接下來大概的生活與工作狀況。

也許是因為自己還算喜歡小孩子，也發現孩子的童言童語非常有趣，後來與小孩玩鬧、聊天，成為調劑心情的方法。

當我工作壓力過大，利用下課時間，溜出辦公室，與小孩子互動過後，心情總能立刻回升到輕鬆的狀態。

其中，我很喜歡追著孩子跑，等抓住他們，再高高舉起後，像抱兩三歲的孩子那樣抱在懷裡。通常被抱住的孩子會很開心，如果其他的孩子看見了，也都會吵著說：「尉成哥哥，我也要！」

偉偉當然沒辦法逃出我的魔掌，尤其看著他健康、壯壯的身影，雖然看起來肉肉的，實際上一抓卻發現是結實的，就覺得這樣的孩子抱起來很舒服。

但不同於其他的孩子，當偉偉被我高高舉起、抱在懷裡時，他總會跟我說：「尉成哥哥，好痛喔！放我下來。」我總會乖乖地放他下來，但下次再遇上了，又把他抱起來。

直到退伍前，偉偉只有一次沒拒絕過我的懷抱，那是在我退伍前的那個暑假。

快開學的前夕，有個星期偉偉都會到學校，幫他的導師佑仲的忙或是來玩。不管來做什麼，他總會溜到辦公室晃晃，跟我說幾句話。

有天，我心血來潮，將偉偉抱起，讓他坐在我懷裡，跟他說：「跟哥哥一起拍照留念，好嗎？」他答應了，這也成了我替代役生活中，跟孩子唯二的合照之一。

六年級時，偉偉重回佑仲老師的手中，面對一向要求孩子較嚴謹的佑仲老師，即使二、三年級已經相處過，偉偉卻顯得適應不良，一度覺得老師是故意找他麻煩，學不會感受老師的關心。

趁著耶誕節，我送上一份禮物和一封信。信中，我希望他體會到自己的成長，所以跟他提起「抱抱」這件事：

「每次老師抱著凱凱時，都會不由自主的想起小時候的你，那時的你好可愛。雖然每次我抱你時，你都會跟我說：『好痛喔！放我下來。』不過每次看見你時，我還是會追著你要抱抱，只是沒想到一轉眼，你已經長得這麼大，大到老師想抱你都抱不動了。」

除此之外，我希望他因為知道自己的成長，所以意識到自己應該更懂事、更能去替別人想、去易地而處。不該只有尉成老師可以看到偉偉懂事、認真的一面，應該讓所有的人都清楚，其實偉偉真的不一樣了！

五年級，我回來實習，有次放學後只剩我們兩人，我故作神祕的跟他說：

「老師有件事，想像從前再做一次，你可以答應我嗎？」

「什麼事？」偉偉笑著問。

我沒回答，就一股腦將他高高舉起，想抱在懷裡是不可能了，但這樣高高舉著，卻也想起從前的時光。

這次，偉偉不再抗拒，只是兩人對望而大笑著。

當父母的，不也是這樣嗎？當你沒有把握孩子可以與你親親、抱抱的機會，有天發現他已經不屬於你的懷抱，當他開始飛往自己的世界，你想再抱一下時，只剩無盡的唏噓了！

他閱讀，不是為得到獎勵

服替代役時的另一項固定工作，是協助管理圖書室。在偉偉升二年級時，佑仲從基隆調回來這所學校，接了偉偉他們這一班，也接手圖書的業務。

佑仲老師接手圖書業務後，開始推行鼓勵閱讀活動，設立獎勵制度，再加上他在班上也會介紹書給學生，於是我開始與孩子們有更多的接觸，也發現偉偉特別的地方。

一般的孩子為了累積借閱冊數得到獎勵，幾乎每天到圖書室報到。一次借滿三本，然後隔天就還，再借新的，而且為了減少閱讀的時間，孩子們通常習慣借閱圖多字少的繪本，即使到中、高年級，這樣的孩子大有人在。因為這樣的對比，我開始注意到偉偉。

偉偉不會每天到圖書室報到，跟著大家擠破頭的搶著借滿三本書。當他踏進圖書室，通常只借一本書，而這本書不是佑仲老師推薦的，就是偉偉堂哥借過的。這些書的共同處是圖少字多，當然還是有注音，而且他不是隔天就還書的小孩。觀察過幾次後，我忍不住好奇心了。

有天，在偉偉借書時，我試探他。

「偉偉，你借書回去真的有看嗎？」

「有啊！」

「那好，哥哥對這本書也很好奇耶！可是哥哥很忙，沒空看，你可以看一看，再告訴我內容嗎？」

「好啊！可是我一天看不完。」

「沒關係，你看多少，就告訴哥哥多少。」

「嗯！」

「那明天早上來，你要說給我聽喔！」

當時偉偉與我之間，已經比較有話說，所以每天早上來上學時，如果我沒站在辦公室外頭跟孩子們打招呼，偉偉就會走進辦公室裡，跟我說幾句話，然後才去教室，這也變成我們固定相處的時間。

隔天早上，偉偉進辦公室。

「早啊！偉偉，書你有看嗎？」

「嗯！」

「那你說內容給哥哥聽。」

「可是我還沒看完耶！」

「沒關係，那你先說你有看的部分就好。」

「嗯！那本書就是在說……我不會說！」

「沒關係，你不用背出來，你只要講主角的名字，大概故事發生了什麼就可以了，有些忘了也沒關係，說你記得的就好了。」

察覺到當時才二年級的偉偉，語言表達上還不是很好，所以我稍微引導一下。

了解我的話後，偉偉開始滔滔不絕的說起故事了，原來他真的有看書耶！

這樣的早晨，我們一起度過幾個，因為我只是想試探他，到底書有沒有真的看？看得懂嗎？所以後來就沒刻意去問他，倒是他有時會自己跟我說故事，沒看完，或不喜歡的也會直接跟我說。

每本書都有我想教給偉偉的事

這樣的早晨裡，也曾發生一件趣事。

有天早上，當偉偉努力跟我說故事時，早到的佑仲老師剛好踏進辦公室，當我順其自然的打招呼時，只見偉偉神色慌張，看都不敢看佑仲一眼。

他背著書包一溜煙，就趕回教室了，說明當時孩子們確實很怕佑仲老師。

沒想到六年級時，我才發現，偉偉的「佑仲老師雷達」這幾年不但功能建在，而且還升級。

有天放學後，我陪偉偉在辦公室寫功課，本來他是邊寫，邊和我有說有笑，突然，他收斂起笑聲與神情，專注的盯著作業。我一回頭，才發現佑仲老師剛踏進辦公室。這麼多年了，偉偉果然有「進步」！

再回學校後，我常找些名目送書給偉偉，每本書都有我想教給偉偉的事，這次我不再試探他，因為我希望他主動去看那些書，喜歡那些書，進而喜歡看書。

有些時候，**大人想教給孩子們的觀念很重要，可是嘮叨太多次，孩子們反而覺得反感。這時說得再多，都不如一部電影、一本書來得容易讓他們接受。**

送偉偉的書，他有沒有好好去讀，他懂不懂書中要傳達的是什麼，對我來說都不重要，因為就算現在他沒看、不懂，我相信將來有一天他會去看，他會去理解，然後把那些好的部分加進自己身體裡，讓自己變得越來越好。

獨特的鼓勵性禮物

一直覺得很可惜，沒留一個恐龍蛋給自己當回憶，到現在我都還不清楚，裡頭的玩具到底長什麼樣子。

一同在學校服役的學長退伍前，我們一起迷上扭蛋，每次兩個人一起出學校，總會跑去這小鄉下唯一有扭蛋的地方——7-11，每出去一次就去投一個。沒多久，學長的熱情減退，我卻對這種小小、不占空間的玩具越來越愛。

退伍前的暑假，我有次去逛書局時，發現文具部的架上有著一堆外型如蛋的玩具。仔細一瞧，每顆蛋的顏色、紋路不盡相同，再把上頭的包裝紙看過，原來這是「恐龍蛋」，裡頭的恐龍是要靠自己組合的模型，不是普通那種把四肢和頭裝上的廉價玩具。

我瞄了一下價格，不便宜，一顆就百元左右，但好奇心的驅使，我一口氣買了三個，買回家後連拆都沒拆，收假時又完整的帶回學校。

暑假快結束的前夕，有個禮拜，偉偉都會到學校幫佑仲老師的忙。有天忙完後，偉偉又如往常到辦公室找我說話。談話中，才知道當天是最後一天了，我念頭一轉，到抽屜隨手拿了一顆恐龍蛋，送給偉偉當獎勵。

當時偉偉的學業成績只算中等，給他獎勵，只是**希望他懂，除了成績表現好之外，行為表現好、懂事一樣會受到鼓勵與讚美。**

看來偉偉很喜歡這個玩具，因為他總會一直跟我打聽哪裡買，多少錢。尉成哥哥怎麼可能跟你說，說了就顯不出這禮物的獨特性了。

第二顆蛋後來也在類似的名目下，送給偉偉，至於第三顆，則一直放到我退伍的那個禮拜。

有天中午，偉偉吃飽飯後經過辦公室門口，被我叫了進來。我拿出最後一顆恐龍蛋，明白偉偉一定非常喜歡，可是我不能平白的送他，但我又退伍在即，經過商量後，我們決定交給佑仲處理。

可是當我請偉偉自己拿去跟佑仲老師商量時，他卻又怕到不敢去，只好由我陪他走一趟。到了教室外面，恰巧佑仲在門口。看見老師的偉偉，竟害羞的躲在一旁的柱子後面，只露出頭，看著我們談話。

後來他們師生兩人，訂下月考要平均九十分的約定。當時雖然是偉偉自己答應的，我卻覺得對偉偉而言有點難度。不過孩子的潛力很難說，而且就算偉偉沒達到目標，相信在往後的日子裡，佑仲老師也會找到合適的名目或時機，將這禮物送給他。

上學期，我去逛「雲林偶戲節」，在一個攤位上，發現許多名片式的恐龍組裝小模型，因為價格便宜，一口氣買了完全不同的十幾張模型。原本的用途，是想用來鼓勵當時自己課輔帶的班級，但卻陰錯陽差的沒用上。

最後在學期結束前，我又把整疊的模型送給偉偉，雖然我沒多說些什麼，但也許我們都會想起從前「恐龍蛋」的事，想起那個害羞躲在柱子後的午後。

你還會來學校嗎？

二〇〇三年九月十九日，是我正式退伍的日子。

學長早我兩個月退伍，還記得他退伍那天，在他臉上與眼神中，看到許多徘徊與不捨。那天下午，在他離開學校的前夕，我不敢跟他多說些什麼，因為我一向不擅長處理這種場面，也怕自己被感染了，一旦先體會這種感覺，我怕等真的輪到我時，會更無法自已。

退伍前一天中午，正當自己坐在辦公室時，突然一聲「報告！」。轉頭一看，原來是偉偉。

「尉成哥哥，老師要我來辦公室借免洗湯匙，因為有人忘了帶湯匙。」我對偉偉笑了笑，因為當時佑仲老師讓學生進教室要脫鞋，而偉偉居然只穿襪子就到辦公室來。

找到湯匙給他之後。我牽著他的手，一起走到辦公室旁的中廊前。

在中廊前，偉偉突然停下腳步，沉默了一下後，抬頭對我說：

「尉成哥哥，你明天要退伍了喔？」

「對啊！」

「你是要去別的地方當替代役嗎？」

「哥哥接下來不當替代役了。」聽見偉偉的童言童語，我邊笑邊回答他。

「那你要去哪裡？」

「去工作啊！去找別的工作。」

「那你還會來學校嗎？」

「暫時不會了，但以後有機會的話，哥哥會回來看你們喔！」

語畢，偉偉又沉默了。當下我突然有念頭，想就這樣牽著他的手，陪他一起走回教室。但又想想，怎麼會把自己搞得如此矯情，最後還是放開他的手、摸摸他的頭，督促偉偉快回教室。我就站在原地，直到他消失在走廊的那端，我才又走回辦公室。

一轉眼，兩年後，我又走回到這個地方，然後一轉眼，又一起度過兩年，最後一轉眼，偉偉也要從這塊土地上走出去了，我就這樣看著一個孩子從一年級到六年級。從單純與孩子玩樂，隨著他慢慢長大，我開始擔心他的未來、行為、觀念、表現。我們兩人之間除了開心，也多了擔心，即使偶爾會讓自己失望、生氣，但都無損於自己對這孩子的關心。

以為我們之間的回憶不算多，所以要書寫應該還算容易。直到手開始動起，才發現腦海裡的畫面一層層的浮起。也許這份禮物會趕不及給你，但老師會一直寫，直到我們的故事結束為止。

回憶，原來是種感覺會說不完的故事。

令人心疼的負面態度

二〇〇五年七月，我又回到這所學校，在確定實習的輔導老師和班級後，怕生的我頓時寬心不少，尤其知道實習的班級是偉偉他們時，心中更多添一分興奮，畢竟我好久沒跟這班孩子們相處了。

再見面的偉偉，與我之間不若從前的害羞，變得直接而熱情。中午吃飯時，他會偷偷和我座位附近的同學換位置，希望可以跟我說說話、一起吃飯；對於我在課堂上、平常行為的要求，他總是言聽計從；當我上課，他總是最熱烈互動的孩子之一；當我需要幫忙，他率先挺身而出。

因為這孩子總是讓我看見他的好，所以相處的日子越久，這孩子卻越讓我不捨，因為我在同事們的嘴裡聽到的，都是他不良行為的紀錄。

後來每當同事們與偉偉有互動時，我總習慣去觀察，觀察多了，我才慢慢體會，偉偉也是會長大的，現在的他，開始有自己的個性、想法、優點和缺點。

而在偉偉的心中，有種負面的態度在滋長。

一般的孩子當被責罵或訓話時，通常會害怕、難過，態度顯得畏縮，而偉偉呈現出來的態度，卻是一種想告訴對方：「對，你說得對，我就是這麼壞！」的念頭。

有次下課，當我從偉偉後方環抱他的脖子玩鬧，一位同事看見了，就說：「尉成老師，不要跟丁X偉玩，他表現又不好，書也不好好讀。」

偉偉聽畢，就掙開我的手，說：「對！說得真好啊！」然後一句話也沒跟我說就跑了。

多一些肯定，好嗎？

這樣的事件日後反覆出現，看在我眼裡，相當心疼。

因為我知道他不壞，而且很貼心。剛回歸學校的我，雖然不知道這幾年偉偉到底犯了多少錯，這些錯又多嚴重，而我也該學著尊重每個人對待孩子的方式，可是有好幾次，我都想和同事討論，可否改變和偉偉說話的方式？**能否試著多肯定孩子的付出與努**

力，即使進步只有一點點？

到後來，連我的心都受到傷害。

為了讓偉偉更好，我常陪他去做努力和嘗試，當我們一起開心的享受成果，同事一句無心，但聽來極為刺耳的話，就輕易的把偉偉的情緒弄冷了。看著偉偉臉部表情的變化，我的情緒也跟著失落。

五下，我雖然結束實習，但依舊借住在學校宿舍，雖然不用上班，但我依舊習慣早起。早起除了多點時間讀書，也留點時間給偉偉，因為這是默契。偉偉總是班上最早到的孩子，所以我們想單獨溝通時，早上是個很好的時間。

那個學期裡，如果聽到偉偉闖禍了，我會利用那個時間去找他聊聊；偉偉有時有問題想問我，或想跟我說話時，也會利用那個時間到辦公室找我。

在那個學期裡，我們一起度過了許多談心的早晨。

偉偉當然不是一個完美的孩子，他還是有很多需要去改進的地方，但他對我很真，所以我很願意去陪他、去教他。隨著一起度過的事件多了，雖然生氣、失望的次數不少，但發現，自己對偉偉增加的，只有越來越多的疼愛和關心。

他的兩面

我們常說人通常會有兩面，甚至是好幾面，獨處的時候、在朋友面前的時候、在家人面前的時候……孩子其實也是一樣，但那不是虛偽，就跟大人一樣，不同的磁場裡，人會產生不同的變化。

在我的眼裡，偉偉至少有兩面，而我很喜歡偉偉單獨與我相處時的樣子。當身邊周遭沒有同儕時，偉偉呈現出的，是種比較沉穩、樸實、有耐心、會思考、專注力集中，又很貼心懂事的面貌。

當我們探討一些問題，他總能耐心的聽我說，總能不急躁的把自己的想法說給我聽。有些時候，當我陪在他的身邊，我喜歡靜靜地看著他，看他專注、認真的神情，那種感覺居然也覺得很快樂。

可是當偉偉在同學面前時，有時真會讓老師們受不了。在同學面前，他習慣使用誇張的語調、肢體動作，習慣使用一些粗俗、不堪入目和入耳的字眼與動作。這樣的行為或許不是他故意，只是在與同學相處的次文化中，逐漸形成；也或許會為他帶來眾人的目光，但看在我們大人的眼裡實在不雅。

雖然無奈，可是從這過程，我又不難體會到，偉偉天生的領導魅力。

一樣的舉動和言行，今天換個人做，同學只會嫌髒、噁心，或嗤之以鼻；可是當偉偉做的時候，卻會引起同學的共鳴和仿效。雖然覺得無奈，卻又不得不承認，魅力不是想藏就藏得住的。

也因為偉偉有這一面，讓我曾因為他沒有分清楚場合與時機，做出不正當的言行，而當眾斥責過他兩次。

該有的禮貌不能忘

一次是上課時，當我較輕鬆的與孩子們聊著問題，偉偉突然爆出難聽的字眼，當眾我便把偉偉請到講台前來，在讓他清楚錯在哪裡之後，我當眾狠狠地打了他的手心一下。這一下是我教師生涯裡唯一一次的體罰。

當時選擇這樣處理，除了希望藉由他來告誡其他的孩子，也希望他明白，不管我們私下多好，在課堂上該有的禮貌都不能忘記，甚至應該因為我們感情好，所以你要做得更好，證明自己沒有特權，證明老師沒有縱容。

另一次，則是當我陪孩子們看電影「魯冰花」，當劇情走到古阿明去世入棺，古爸爸杖打棺木責罵不孝，孩子們因劇情而沉默，甚至落淚時，偉偉居然大笑起來。我一氣之下，將偉偉的頭壓低，不願讓同學看見他的嘻皮笑臉。因為他的不尊重和肆無忌憚，已經嚴重影響其他人看電影的心情。

這樣的事情在下課後，我會將偉偉單獨留下，再與他談談，因為**我希望他懂自己錯在哪裡，懂老師生氣的原因為何。**

期待他善用自己的優點

六上時，有次偉偉犯下暴力事件，在與他深談的最後，我問他知道自己有兩面嗎？他輕輕地點了頭。

我告訴他，老師還是相信，在我面前的你，比較貼近真實的偉偉，但在同學面前的偉偉不是不好，只是如果你願意，應該善用自己的領導特質，帶著同學變得越來越好，而不是只做些粗俗的舉動，犯下一些無意義的錯誤。

聽完我的話，看過電視劇「危險心靈」的偉偉，笑著引用劇中的對白說：「我知道，影響力是很可怕的！」

沒能引導偉偉去善用他的特質一直是我很大的遺憾，因為這股魅力的力量很珍貴，一旦用在錯誤的方向，實在可惜。

小王子的風車

一早，掃地時間就看見偉偉臉臭臭的，即使像平常那樣逗他，他還是一臉憂愁。

在問不出所以然的情況下，我抓著他的手，跟他說：「老師知道你心情不好，如果需要人聊一聊，可以來找老師喔！」

只見偉偉說聲好，一轉頭就跑掉了，但偉偉的狀況一直到第一節下課都沒有改善。

第二節下課時，我正思考該怎麼幫偉偉，卻聽見辦公室裡有個聲音：「報告，董姊姊（學校的服務人員之一），尉成老師在哪裡？」

只見董姊帶著偉偉走向我的座位，這時的偉偉笑嘻嘻的，手上還拿著一個金色的風車。

「老師，送你，這是我用禮拜五拿到的巧克力包裝紙做的！」

「哇，這麼好，只有送尉成老師喔！」董姊故意這麼說著。

「對啊！老師你要收好，不可以丟掉喔！」

「好，謝謝！很漂亮喔！」

之後，再與我聊幾句之後，偉偉就又跑出辦公室。

望著回到球場廝殺的偉偉背影，此時的我鬆了一口氣，看來偉偉的心情已經恢復了，憂鬱小王子終於又變回陽光小帥哥。

在與孩子們相處的時間裡，有時真的很羨慕他們，因為他們的難過可以一下子就處理了，而長大的我們卻很容易一不小心就陷在一個情緒的死胡同裡，過分的執著鑽著，忘了出口只在轉身之後。

扭轉學習態度

五上的最後一個多月，在徵詢輔導老師的同意下，我決定開始額外加強偉偉的課業，**不是要他變成第一名，而是要他把該學的知識學好。**

與偉偉相處越久，心裡就越希望他好，不論是觀念、行為或是課業，但他除了某些偏差的觀念外，對課業的態度更是令我搖頭。

偉偉雖然上課時的互動很好，但他對課業的專注力和耐心不足，且態度比較隨便，所以只做他一看就會的部分，剩下的不是亂猜，就是抄同學的，其中最慘的就是數學。

在獲得老師同意後，我用了功課和考試成績太差的名目把偉偉留下，利用放學後時間，陪著他一題一題的訂正作業、考卷，一題一題的完成家課。

原以為偉偉應該會排斥，沒想到他從來沒跟我抱怨過，反而是一放學，當同學都離開，他會留下教室裡最靠近他的那盞日光燈，一個人專注的寫著功課。

每當從教室外看見那個畫面，心裡總又是一份心疼和感動。

這時我才發現，**偉偉不是不專注，不是沒有耐心，只是缺乏一股力量和關懷。**

把基礎救回來

我讀過的專業知識告訴我，當孩子被剝奪休閒時間，例如：下課、午睡和放學後，是種懲罰，但在我兩段輔導偉偉的經驗裡，卻完全跌破我的眼鏡。

當我公開的把偉偉因成績太差而留下，總會有孩子來問我或跟我說：「老師，我也要。」「老師，我可以留下來嗎？」甚至還會有別班的孩子也來問我。

不過，在五上陪偉偉做功課的這段日子裡，我卻犯了一個錯誤。

就如同一般的家長，**我急著要孩子馬上變好，急著想看到他完美的表現，卻忘了要先找出孩子學習成就低落的原因，然後對症下藥**。等改善根本問題，孩子再去學習新的就輕鬆多了。

偉偉的問題，除了學習態度，最影響他的，是他之前的基礎沒有打好。一些五年級前該學會的基本計算能力，偉偉學得零零落落。

我雖然發現，卻沒有採取任何作為，只是一直專注在他新學的部分，雖然他開始很認真，卻始終無法擺脫舊有知識沒學好的困擾。

開始去思考這問題，已經是學期結束的時候，不過也因為思考過，所以我六上再度抓偉偉出來加強時，我便改變做法。

五下，我的實習結束，偉偉他們交給一位代課老師。基於對新老師的尊重，我不便再涉入太多，對偉偉的關心，僅止於早上偶爾的對談，和下課時遇見的招呼。對於偉偉課業的表現，也只能在這些時刻關心，倒是偉偉後來與我的互動讓我很感動。

為自己訂目標

第一次月考前夕，有天和偉偉閒聊，在叮嚀要認真一點後，我要偉偉各科訂個標準給我。

我並沒有去干涉偉偉的標準，雖然有些科目，我覺得他訂得太高，有些又太低。第一次月考結束後，偉偉居然主動跑來跟我分享他的戰績。可愛的他總會先高興的分享考得好、有達到標準的科目，至於考差的總是支支吾吾，害羞的低著頭。看他如此憨厚的模樣，我只稱讚他表現好的，因為表現差的，其實他已經覺得不好意思了，大人又何必再落井下石呢？

之後的兩次月考，考前偉偉總會跑來跟我訂標準，考完後，也會來跟我報告戰果，雖然沒有一次全部達到，可是我知道他試著去做了。

這過程讓我驚訝的是，偉偉很了解自己，對於他自己擁有多少實力很清楚。他所訂的標準就算沒達到，其實也都在標準邊緣，也許他都沒發現自己的這項特質。

學業成就低的孩子，常會問一些問題：「為什麼要讀書？讀這些書有什麼用？我們為什麼要讀這些書？」

我總會告訴孩子們，每個年級要讀的書不同，那是因為經過研究，現在的你們適合去學習這些知識，這些知識一定有用，只是你用上哪部分不知道，因為你未來會做什麼，沒有人清楚，所以全部學起來，是給你自己的未來，更多選擇的機會。現在學好，總比未來要用到時，發現沒學好，再去後悔的好。

上面這些話，我也常跟偉偉嘮叨，我還跟他說，**老師要求的是你要「學會」，不是你要「考好」。**

學習，是為了自己

要學會現在所學習的重點，老師現在教的是小數的除法，那你就要把小數的除法學好。至於考得好不好，那是你個人因素，因為雖然你會小數的除法，可是也許考試時，你自己不夠努力、認真，粗心大意，或是誤解題意而考差。

你考得好，老師會高興，你考不好，老師也會失望，但終究是你自己該承擔的結

果；但你如果沒有把該學會的學好，老師會生氣和難過，因為你浪費自己的生命與時間，讓自己少擁有一項基本能力。

偉偉其實是聰明的孩子，反應又快，面對這樣的孩子，大人都會覺得不好好讀書實在可惜。可是我們也該接受，會讀書不等於喜歡讀書，也許偉偉就是不喜歡讀書，也許偉偉的天地是在另一塊領域裡，所以我只希望他該學會的不要錯過，至於其他的部分，就留給孩子自己去走、去開拓和摸索吧！

打棒球學到的事

五下，學校在家長會長及附近企業贊助下，成立棒球隊。一開始的成員，除了自願參加，負責協助的佑仲老師還會遊說一些不愛讀書、放學又四處遊蕩的孩子加入，偉偉當時也是在佑仲的徵召下，進入棒球隊。

成立一段時間後，眼見成員和訓練模式逐漸穩定，但偉偉個性中的毅力、耐心不足又開始作祟。棒球隊的其中一個訓練時間是每週三下午，因為週三只讀半天，既可以完整的訓練，又不會影響孩子的課堂學習。可是這是個玩樂的大好時光，一般孩子怎麼捨得放棄。

一天，在與佑仲老師聊天時，他說出，偉偉已經連續幾個禮拜，週三的訓練用盡不同的藉口請假。按照規定，缺席過多，本應該開除，可是開除他，又覺得可惜。聽完佑仲老師的描述，我當下心裡決定找個時間與偉偉溝通。

就這麼剛好，隔天一大早，早到的偉偉走進辦公室，想與我聊天。

打完招呼，我趕緊抓住機會。

「偉偉，老師有件事想問你，可以嗎？」

「嗯。」

「練棒球一段時間了，到現在你喜歡棒球嗎？」

「喜歡啊！」

「可是我聽佑仲老師說，你最近週三常有事，所以請假沒來參加訓練。」

「嗯！」

「你知道嗎？佑仲老師其實很生氣，也很失望喔！」

「真的嗎？」

「對啊！而且按照規定，你缺席的次數已經需要開除你了，可是佑仲老師覺得你打得很好，開除你太可惜了。」

聽完，偉偉微笑了一下。

「老師相信你週三是真的有自己的事，那些事卻與訓練衝突了。老師希望你回去考慮一下，到底是自己的那些事重要，還是棒球重要？如果覺得真的很喜歡棒球，就要繼續堅持，暫時放棄那些你想做的事；如果覺得那些想做的事比較重要，那就自己去跟佑仲老師申請退出，別讓佑仲老師老是為你的事而操心，**要學會為自己做決定，也要學會去尊重別人，考慮別人的立場**，知道嗎？」

「嗯。」

「而且你有考慮過教練的立場嗎？」

偉偉這時突然抬頭看我一眼，似乎不太懂。

「你想像一下，你今天是個教練，每次的訓練不管是大太陽，或是刮風下雨，你都必須要到。可是當你這麼用心的教導球員、去訓練球員，你的球員們卻可以愛來不來，相對於自己每次的準時出席，你有什麼感覺？」

「嗯……會很生氣，很難過。」

「對啊！所以當你們動不動就缺席，教練其實是很失望的。我如此認真的付出，球員們卻是如此隨便。」

「老師尊重你自己的決定，不會強迫你一定要留下來訓練，如果思考過後，還是覺得其他的事對你而言勝過對棒球的喜愛，老師希望你自己去跟佑仲老師說清楚。我知道你可能會怕跟佑仲老師說話，可是**這是你自己做的決定，應該自己去面對**，可以嗎？」

「好。」

「回去自己思考，但記得要在下次訓練前做出決定，不可以再造成別人的困擾了喔！」

這次談過後，我並沒有追問偉偉的決定，因為該跟他澄清的觀念都已提醒他。我相信他會自己做出抉擇，不管我們喜不喜歡，一切後續應該由他自己去承擔。

直達心坎的鼓勵

過幾天，週三棒球訓練的日子又來到，雖說不過問，但我心裡還是有著一份期待。在看見偉偉出現在操場上時，我頓時覺得相當開心。

沒想到在下午訓練即將結束前，我看見偉偉脫離訓練隊伍，坐在操場邊，而佑仲老師陪在他身旁，再看看偉偉的神情，似乎不太對。

猶豫了一下後，我向偉偉走了過去。原來偉偉吐了，我猜想大概是脫離訓練太多次，加上當天的酷熱，讓體能沒有跟上大家的偉偉，身體負荷不了完整的訓練。明白偉偉的個性，深怕接下來如果出現取笑他的言語，他會再度放棄而離開，所以我除了安撫他的情緒，也鼓勵他，並讓他明白可能發生這件事情的原因。

我告訴偉偉，訓練到吐了，代表他很認真在參與訓練，所以不要想太多。老師看到他這麼認真，很高興。

不過會吐，是自己該承擔的，因為你脫離訓練太多次，你已經可以發現自己的體能與其他人的差距，不過沒關係，只要繼續加油，馬上就可以追上大家的腳步。

當晚，我想了想，還是怕偉偉堅持不了，畢竟**這孩子得到過的肯定太少，放棄過自己的次數太多**，所以我上網找了張投手的照片，將偉偉的臉合成上去。

隔天一大早，趁著教室裡只有他的時候，送給他，並再鼓勵他一下，也與他把昨天的事情歸因清楚。

看他開朗的笑容，我知道他的心情應該ok了！

給他表現、肯定自己的機會

這件事過後，偉偉參與訓練的狀況進入佳境，也趨於穩定，雖然久久還是會有請假的狀況，但我覺得無妨。大人都會有想休息、想放空的時候，更何況心性還不穩定的孩子呢？

我開始習慣在球隊訓練同時，站在遠處，靜靜地看著偉偉認真、快樂的身影。粗線條的偉偉從來不會去注意到我的存在，倒是有些眼尖的孩子如果發現我，總會趕快告訴偉偉，而看到我的偉偉，總會給我個微笑，或是比ＹＡ的手勢。

這樣靜靜看著，我看見孩子的成長。越來越穩定的球技，筆直快速的投球，與乾淨俐落的傳接球。

六上，佑仲老師更將管理體育器材室，與協助管理棒球隊的事務交給偉偉，這對當時的偉偉來說相當重要，因為**那是一種肯定，一種長大，一種可以獨當一面的信任。**

這時，我心中的擔心早已放下，因為**孩子的心穩定了，唯一需要的，是這個環境有沒有辦法給予其表現機會。**

可惜，後來六下時，棒球隊的計畫無疾而終，這對偉偉是個很大的失望，雖然後來無法再看見他在球場上的身影，但有個畫面卻一直在我腦海裡。

那是當球員守備位置逐漸確定，一天，看見偉偉穿上整套完整的捕手裝備，沉穩的蹲捕在自己的位置上。那一剎那，突然覺得他的身影像個大人，原來他又長大了！

那天下午的陽光很耀眼，偉偉的身影卻比陽光更耀眼。

認真回答他的問題

偉偉很愛問問題，雖然大多與課業無關，可是卻是很有意思的題目。

偉偉不只會問我，他也會去問其他同事，只是有些同事覺得他隨便問問，不是真的想了解，所以也總隨便應付。可是除了那些真的無厘頭的問題，我習慣很慎重的回答他，即使他真的只是隨便問問。

對我而言，**身教是很重要的**。

如果我每次都很慎重的回應他，久了，當他感受我對他提問的尊重時，往後相信他會更慎重的問問題。在別人回答他問題時，他也能更尊重、更有耐心的去聽。

有次下課，我與偉偉走在去辦公室的路上，偉偉突然問我：

「尉成老師，你為什麼想當老師？」

初聽到這問題，我稍微沉默了一下，因為偉偉早就知道那是我的夢想，所以我想他要的不是這個方向的答案，思考過後，我回答：

「因為老師覺得教育很重要，你們在逐漸長大的過程中，有很多事情需要教你們，而且有些事情，你們還學不會判斷它的是非對錯，老師也有責任教會你們。讓你們學習正確的知識與觀念，成為對社會有貢獻的人，而不是危害社會的人。不過每個人的想法不同，其他老師也會有自己的想法。這樣的回答，懂嗎？」

過幾天，在與同事聊起這件事時，才發現後來偉偉還問了不少老師相同的問題，雖然有些老師把它當無聊問題搪塞過去，不過還是有老師很認真的回答他。

藉機引導他抒發情緒

又有一天早上，偉偉到辦公室找我聊天，當時辦公室只有我們兩人。偉偉劈頭就問：「尉成老師，人為什麼會哭？」

這個問題，不同的人問，我會有不同的回答。如果是我帶過的那班二年級，我會透過問題，鼓勵孩子們不要動不動就哭，要學會勇敢與堅強，因為他們太愛哭了，連同學走過身旁，不小心輕微碰撞到自己的桌角，他們都可以放聲嚎啕大哭。

可是如果是偉偉，我卻會鼓勵他，有時情緒上來了，不妨順著它宣洩一下。因為偉偉太ㄍㄧㄥ，是會壓抑自己內心真正情緒的孩子，所以當有時不能發洩，他會轉為去捉弄或傷害別人。

我反問偉偉：

「你覺得人什麼時候會哭？」

「嗯……難過的時候。」

「只有難過的時候嗎？你有沒有看電影看到哭的經驗？」

「有耶！我看『有你真好』看到哭耶！」

「所以你看，其實感動也會想哭，還有高興時其實也會哭喔！」

「高興還會哭喔！」偉偉笑著問。

「當然會啊！你有沒有看過運動選手拿到冠軍時哭的畫面，這就是喜極而泣啊！你自己現在在打棒球，你可以想一下，你們每次的訓練都很辛苦，夏天時更是難熬，終於一年一次的機會來了，你們一路過關斬將，打了一場又一場的球賽。終於來到最後一場，每一球都攸關勝負。當你們獲得最後勝利，手裡拿著冠軍的獎牌，腦海裡想的是這麼多個日子以來的嚴苛訓練，那一瞬間，會不會有想哭的感覺？」

「會耶！」

「『哭』這件事會存在人類的身體裡，一定有它存在的意義。有些人會鼓勵別人不准哭，覺得哭就是懦弱，甚至覺得男生沒有哭的權利。可是『哭』不是沒來由的，會哭時，代表我們心裡有著某些讓我們想哭的情緒，你不藉著哭，去把它發洩出來，壓在你的身體裡久了會生病的。

「尤其是一些不好的情緒，當你哭時可以處理，為什麼不處理掉？壓在心裡久了，有些人無法發洩，最後選擇去發洩在別人的身上、去傷害別人，這樣有什麼意義？所以老師倒覺得，想哭的時候就哭沒關係。男生也是人，我們也會感動、難過，我們只是去宣洩自己的情緒，我們沒有去傷害別人，為什麼不可以哭？」

你能答應老師嗎？

過幾天，有天早上我外出辦事，中午趕回吃午餐時，董姊告訴我，偉偉有節下課到辦公室找不到我，董姊見他臉色不對，一問，偉偉便邊流著淚邊說，原來是同學未經他的同意玩了他的手機，那支手機是他爸爸最近才剛辦給他，沒想到一不小心摔到地上後，就故障了。原本想找我幫他看看，可惜我不在，後來董姊幫我安撫偉偉的情緒。

吃過飯後，我看見偉偉與同學在遊樂場玩，便走過去，與他單獨談談。還好他的心情恢復了，手機也只是因為SIM卡彈掉，沒有大礙。

我急著問偉偉：「你沒有教訓那位同學吧？」

「沒有。」偉偉笑著說。

「同學有跟你道歉了嗎？」

「有。」

「那可以原諒他了嗎？」

偉偉笑著點點頭。

「其實老師不擔心你會教訓他，因為老師相信你不會，可是老師比較擔心你的好朋友們，會想為你出口氣去教訓那位同學。」

「他們沒有。」

「ok，那很好！如果他們真的想的話，你可以答應老師阻止他們嗎？讓他們知道你已經原諒那位同學了，不需要這麼激動。」

「好。」

偉偉會問的問題很多樣，連科學的問題也有。我們曾一起驗證，「一張普通的紙最多只能對摺七次」這件事是不是真的？這樣花時間去陪他經歷每一道問題，到底對他有沒有影響或幫助？我不確定，不過重點是只要看到他成長，變得越來越懂事、成熟，我想一切都是值得的。

成為英雄

二〇〇六年六月五日，這天偉偉成了英雄。

一大早剛過六點半，我才盥洗完畢，準備到辦公室時，手機就響起，一看是偉偉打來的。

「尉成老師，你在哪裡？我剛剛來上學時，看到水溝裡有個老人耶！」

「你說真的還假的？」這時我還笑著問，我以為偉偉在開玩笑。

「真的啊！我看他一直站在水溝裡都不動耶！」

「真的嗎？那你等老師一下，我馬上下去。」

一到辦公室跟偉偉會合後，偉偉就帶著我小跑步到學校旁的一條大水溝，當我往水溝一看，真的有位阿公站在水中，身旁還有一輛腳踏車，看來應該是騎著腳踏車不注意掉入了水溝。當時阿公的神情有點恍惚，臉上有些輕微的擦傷和血跡，由於水深及腰，所以我一開始站在水溝邊，希望阿公稍微移動過來，讓我拉上來。

但已經有點恍惚的阿公，不管我怎麼說，除了因不舒服而發出的呻吟，就只是氣若游絲的重複講：「我的腳踏車……」看來他相當堅持腳踏車也要拉上來。當下我請偉偉趕快跑回辦公室，讓替代役哥哥帶條繩子過來。不同之前的小跑步，這次偉偉竭盡所能的狂奔，應該知道現在事情非同小可。

他們趕到後，我想先確定看起來恍惚的阿公，是否還理解我的話，我跟阿公說：「阿公，我等一下丟繩子給你，你把繩子綁在腳踏車上，這樣聽得懂嗎？」

「好。」聽到阿公微弱的回答，我便將繩子丟下。抓住繩子後，阿公緩慢地將繩子綁在腳踏車上。我讓替代役哥哥抓著繩子，慢慢將腳踏車拉上來，阿公也藉腳踏車的牽引，往水溝邊靠，等距離已經到我可以拉到他的手時，我請阿公把手伸出來，好讓我拉他一把。

阿公上來後，無力的坐在馬路邊，我再仔細的檢查一下他的全身，發現皮膚已經泡到發皺，看來應該在水溝裡待了很久。神情依舊恍惚的阿公，冷到全身顫抖不停。

由於替代役哥哥還有導護工作，我請偉偉再跑一趟辦公室，用我的保溫杯裝溫開水過來，我則叫救護車。等救護車將阿公送走，我和偉偉終於鬆一口氣，慢慢地走回學校。

有些事情冥冥中自有安排。那天早上，如果偉偉沒有突然選擇自己走路上學，就不會讓他看見水溝裡有位老人，就不會救人一命。那位老人原來已罹患失智，前一晚在家人皆以為他入睡的情況下，卻莫名騎車離家，也就是他幾乎在水溝裡待了一晚。

可是明明是一件對孩子很有教育意義的義行，後續的發展卻讓我有些惋惜。

如果早知道最後的演變會是如此，我寧願這件事存在於偉偉、替代役哥哥和我之間的單純救人事件，不讓偉偉變英雄，只讓偉偉實在而單純的去體會，救人和做好事的成就與快樂就好。

變調的報導

那天早上，校方知道這件事後，聯絡了記者，偉偉也接受了採訪。

我心裡覺得這樣也不錯，讓偉偉上新聞，應該可以更加增強他熱心、做好事的心，也可以當同儕的模範。

隔天一起床，我特地去將每家的報紙都買一份，想把所有相關報導的篇幅剪下，護貝起來送給偉偉，當作紀念，也讓他帶回去跟阿公、爸爸和媽媽分享。

因為是地方新聞，所以大部分的報紙篇幅不大，內容倒沒有問題，可是當自己看完篇幅最大的報導時，我的喜悅全沒了。

色彩豐富、占了將近半版的報導，內容卻有些值得商榷。本想馬上送給偉偉的念頭立刻消失，我決定另外找個時機，順便陪他澄清一些價值觀念。

這篇報導分成兩部分，主要是敘述整件事情的經過，內容雖有些小錯誤，但還可以接受，因為主要的結構都還是事實。讓我有些微詞的是另一則附屬的報導，內容介紹偉偉及校方的處理，說是介紹偉偉，但除了名字是他的，和有加入校園服務隊外，其他都像是在說別的孩子。

文中將偉偉塑造成一個完美的小孩，品學兼優、才藝出眾、熱心助人。明白這是校方的好意，希望讓難得上報紙的偉偉，擁有一個很棒的形象。可是有沒有覺得很熟悉，印象中從小的頒獎或表揚場合上，每個孩子的評語幾乎都是這樣，但我卻覺得這樣不妥，就像在告訴孩子們，會熱心助人的，只有功課好又多才多藝的人。

該傳達給孩子的正確價值觀

更讓我在意的是偉偉的感受。

偉偉已經五年級，五年級的孩子對自己已經有認知能力了，對自己平日的表現與個性也了然於心。不曉得校方在對記者描述偉偉時，他在不在場？平日常讓師長頭痛的他，如今搖身一變，成為師長口中品學兼優、多才多藝的好孩子，不曉得他心裡有何感想？是會滿足於這樣的虛榮？還是會因此更排斥師長，變得更偏激？

第三天早上，我把偉偉找來辦公室，看他笑著走進來，我一開口就問他：

「做好事、救了一個人的感覺如何？」

「很高興啊！」偉偉笑著說。

「對，老師也覺得很高興。不過，可以因為救人而高興，可是不可以因為上新聞、被大家當英雄而驕傲喔！」

「我知道。」偉偉依舊笑著。

「這送你。」我將護貝好的報導遞給他。

「給你當紀念，你可以等爸爸他們回來時，跟他們分享。」

「嗯。」偉偉依舊看著報導笑著。

看著偉偉的笑容，剎那間，我不好意思提起另外一篇報導的事情，可是不說只怕有些不好的觀念會在他心中默默滋長。

「偉偉，你有看右下角那篇報導嗎？」

「嗯。」此時偉偉的笑容有點收斂，這表情也讓我了解他對這件事的感覺。

「很抱歉，學校介紹你的部分有些過於不真實……」

「我知道。」

「學校這樣做或許你的感覺不好，可是沒關係，我們可以把它當作是長輩對我們的期望，試著努力看看。」

看著偉偉失去笑容、落寞的臉，我不忍心再跟他談下去，於是我打住話題，如往常般衝到他面前，摸著他肉肉的雙頰，跟他說：「沒關係，重點是要記住你幫助別人時的快樂，繼續當個熱心助人的人，知道嗎？」

終於，偉偉又恢復了笑容。

幾天後，校方終於決定頒獎給偉偉，原以為此事在學校頒獎過後，應該就完整落幕，沒想到「頒獎」又投下一顆震撼彈，震撼到我啞口無言。

我不想上去領獎

幾天後，在校方決定頒獎給偉偉的前一天早上，偉偉溜進辦公室找我。

「老師。」偉偉苦著一張臉站在我身旁，我有點意外。

「老師，主任說明天要頒獎給我，我可以不要去嗎？」

「為什麼不要去？」

「我覺得好丟臉喔！」

「為什麼好丟臉？」

「不知道，就覺得站上去那裡好丟臉喔！」

聽完偉偉的話，我沉默了一下。

「偉偉，你覺得我們救了人是好事、是正確的嗎？」

「是啊！」

「ok！所以你還是要去接受頒獎。」

「為什麼？」

「老師知道你不喜歡在大眾面前上台，可是你上台領獎的意義不在於校方給你的獎勵，而在於要透過你當個模範，去鼓勵大家做好事、熱心助人。如果你選擇覺得丟臉而不上台，會讓某些同學覺得原來救人很丟臉，懂嗎？」
「嗯。」
「那可以鼓起勇氣上去接受頒獎嗎？」
「好。」

「救人一命」比不上學業優異？

學校本身訂有一套獎勵制度，按照不同的事蹟、成績，會得到不同張數的榮譽卡，既然制度存在，校方如何表揚偉偉救人這件事，將會對孩子的價值判斷立下標竿。

可惜由於這樣的事件在學校是頭一遭，沒有經驗的校方因此沒有獎勵的依歸，最後表揚結果出爐，一個救人一命的義行，就如同撿了幾次的十元送交導護老師。這在學校的獎勵制度上，遠不如對外參加比賽獲獎，也遠不如每次月考成績優異。

這樣的結果，讓孩子們對這件英雄事蹟的羨慕與好奇。在偉偉獲得表揚後，心中的標準出現了落差。

對孩子而言，他們覺得這是件很偉大的事。校方的標準卻告訴孩子，「救人一命」

比不上學業成績優異，比不上才藝出眾，人命比不上分數。

自己的標準被「大人」打破，於是我聽到有些孩子說：「原來救一個人也才值這麼幾張榮譽卡！」英雄事蹟不再是英雄事蹟。

事情發展至今，感覺無力回天，對於當時已卸下實習老師身分的我，連想為孩子再次做價值澄清的機會都沒有。

我開始期望事情趕快被淡忘，開始期望這件事在偉偉和其他孩子們的心中沒有發生過，或是希望一開始，就沒有備受關注，讓偉偉不用當英雄，單純享受救人的快樂就好。

大人總是不自覺的把學業成績當成品行的標準。成績好的小孩似乎樣樣都好，即使他犯錯了，也總容易獲得原諒；成績不好的孩子，卻只要稍微一個小錯誤，就會被罵到狗血淋頭。

當我開始站在講台，我就無法接受這樣的價值觀，於是，**我總會在學業成績不好和品行不好的孩子身上多留點目光，因為他們獲得的肯定與關懷已經很少，如果我能給一份讓他們感覺到溫暖的關懷，能給他們一些肯定自我的言語和表現的機會，或許他們就不會太容易放棄和否定自己。**

照顧孩子的我們到底在照顧什麼？是照顧他的課業？還是照顧他的未來？做得到的

話，我想、也喜歡去照顧孩子的心。

等孩子的心健康了，就算學業成績不佳，你也不用擔心他的未來，因為他會帶著自己走在一條讓自己開心、讓你放心的道路上。

拉孩子一把

六上開學前，落榜後我黯然搬離宿舍，沒想到不到一個月，我陰錯陽差接下學校二年級的課後輔導，只是這次，我選擇不再搬回宿舍。

開學後，因為搬離宿舍，我與偉偉少了屬於我們的早晨，再加上回學校上課的時間又都是中午過後，與他互動的機會變少了，能夠說上幾句話的時間，也只有偶爾遇上的下課時間，和輪到偉偉當放學的糾察隊時。

雖然互動的時間少了，但我卻比之前放心，因為偉偉他們最後這一年的導師是佑仲，面對教學認真、要求又嚴謹的佑仲，孩子光是因為對他的敬畏就讓心性收斂不少，更別提與他朝夕相處。

佑仲老師一直知道我對偉偉的關心，為了不影響他的教學，自佑仲接手後，我盡量不主動與他談偉偉的事，不希望因為我，使他對偉偉的管教綁手綁腳。但也因為佑仲明白我對偉偉的關心，所以即使我不主動談，他卻總會與我分享偉偉的事，不管是好的或壞的。

品行和規矩方面，因為有佑仲在，所以我非常放心，唯一讓我擔心的是偉偉最弱的一環——學業，畢竟他向來就有些排斥這方面的努力，而他也沒讓我「失望」，在第一次月考後，我嚇到了！

那天放學，偉偉剛好輪到當校門口的糾察隊，趁著空檔，我站到他身旁跟他聊月考。不好意思的偉偉在半推半就下，才說出成績。

偉偉擅長的國語只剩七十幾分，數學只拿三十幾分。與上學期的成績相比較，實在退步太多。即使佑仲已經事先告知過我，但當聽完時，我依舊露出驚訝的表情，偉偉看到我的表情後，也尷尬的笑著。

當時，我感受到偉偉對這樣的成績除了驚訝，也感到不好意思。

我問他想雪恥嗎？他立刻不假思索的點著頭。

我想他真的嚇到了，因為雖然他清楚自己的數學本來就不太好，但這麼低的分數卻是第一次。

我告訴偉偉，如果需要我的幫助，就像五上那樣利用課後時間陪他寫功課，隨時可以跟我說，沒想到他立刻說好。

我告訴偉偉，他必須親自去跟佑仲老師說一聲，問一下可不可以。此時害怕佑仲的他又畏縮了。

「ㄏㄚˊ，我去問喔？你去幫我問啦！」

「不行，這是你自己的事，而且現在你的導師是佑仲老師，你要尊重他，自己親自去問，怎麼可以我幫你問？」

聽完這番話，偉偉只好認命的點頭。

隔幾天，下課時偉偉到班上找我。

「老師，佑仲老師說不可以。他說叫我上課認真聽，有問題去問他就可以了。」

「嗯，佑仲老師說的也對，那你如果不想再考這種分數，上課要認真聽，作業要認真寫，有問題要勇敢去問佑仲老師。不敢問老師，就問同學，知道嗎？」

佑仲當時的拒絕，除了他認為孩子應該要上課時專心，而不是靠課後的輔導外，應該有一部分覺得，要準備考試的我應該把時間跟精力留給自己，而不是又放在孩子身上。不管原因為何，尊重佑仲，不造成他的困擾是我首要條件，於是這個念頭也就打住了。

我們再試一次！

過了幾個禮拜，偉偉又經歷一次考試，這次的分數依舊沒有起色。

我與偉偉聊了考試，比起上次的不敢置信，偉偉這次多了消極與灰心。

我問偉偉，覺得這兩次考試成績不理想的問題在哪。他說很多部分完全不會，也就是說有些單元其實他沒有聽懂。

我接著問，目前學過的部分，覺得最不會的是什麼。他回答「分數」，我立刻口試了一下。發現偉偉懂「分數」的意義，卻不懂「分數」的基本運算。

原來偉偉的數學問題越來越嚴重，之前沒學好的基礎，導致學到更深的六年級時，完全進入不了狀況。

回家後，思考了一段時間，我想幫偉偉一把。

我要求的不是要他考高分，是希望基本該學的東西要學好，希望他能改變容易放棄自己的個性。

我再次問偉偉，「需要老師像之前幫你一把嗎？」

這次偉偉有些遲疑了，也許是不好意思或已經放棄。

我告訴他，願意的話，老師可以去跟佑仲老師商量。這時他才說聲好。

於是我寫了e-mail給佑仲，希望他把偉偉交給我一段時間，想當然耳，佑仲一口就答應。但沒想到我以為出發點是好的事，後來竟闖了一個不算小的禍。

一對一補教數學

佑仲老師答應後，配合我會到校的時間，我安排偉偉每個星期二、五的放學，和星期一、二、三、五的中午，與我一對一補教數學。

至於方式，我決定放棄之前的模式，不再把重心放在目前的進度，改著重將他自認最弱的「分數」能力從頭建立。

這樣的做法對偉偉很冒險，第一，短時間看不見成效，他無法獲得立即的成就感；第二，缺乏耐心的偉偉，要他長時間面對一樣的東西，是個考驗。

而教材，成了我最困擾的問題。教學經驗的不足，使我還無法面對每種課程，都很清楚所有的順序與要訣，所以要靠我自己的力量去教偉偉「分數」，對我而言實在太難，我決定走趟書局。

走進書局裡，才慶幸自己來一趟。光一科數學，至少有幾十種由不同理念編輯的參考書，而讓我鬆一口氣的，是一本只講「分數」的書。整本書從基本的「分數」概念，到複雜的四則運算。由淺入深，真是我的救星啊！

當時間、地點和教材都準備就緒後，一場我與偉偉的長時間挑戰即將展開！

引導出他的認真

幫偉偉上課用的書每一回有兩頁，除了範例外，大概有兩到四大題，每一大題都有十題以上的練習題。

一開始，為了怕偉偉反感，在解說完範例，我讓他每寫一題練習題，就批改一次，每天的進度完全隨偉偉的速度調整。在偉偉開始對「分數」接受而且有概念後，我慢慢增加每一次的題數，最後變成每次一大題。

偉偉很容易放棄，所以剛開始常寫一會兒就說不會，或是寫著寫著就抬頭看著我，於是我慢慢習慣不管是一次一小題或一大題，我都會在旁邊看著。

當有錯誤時，我會故意輕咳兩聲，或是提示哪裡有問題，但如果一樣的錯誤重複太多次，我就不再提示，等我批改完後，再要他檢查、訂正。

一段時間後，偉偉計算的速度提升了，進度也變成每天一回，可是為了怕他隨便寫和錯誤連篇，我還是習慣在旁邊盯著、提示著錯誤。每次批改完一回後，我都會幫他打上分數，每次看到自己成績不錯，偉偉總是很高興。

過了幾個禮拜，有天放學，當我們又要開始上課時，偉偉突然開口：

「老師，我可不可以一次寫完一回後，才讓你改？」

「為什麼？」我驚訝著問。

「我想知道靠我自己寫的話，可以拿幾分？」

「你確定？那就給你自己試試看喔！」

「嗯！那你可不可以不要坐在我旁邊，讓我自己寫？」

「好！」

面對偉偉這樣的要求，我實在沒有什麼理由拒絕，因為這是一個孩子的成長，他願意自己去嘗試，他開始想挑戰，想了解自己的能力。我即使會擔心，但為什麼不給他機會？

但才過幾分鐘，因為擔心他錯誤太多，或遇上太多不懂的題目，我忍不住走近他身邊，沒想到偉偉居然抬頭說：「厚，老師你走開啦！不要來吵我。」

聽到這句話，我不好意思的摸摸鼻子走開，但我心裡是感動的。

因為這孩子是認真的，**他不再是被我勉強著去學習，而且他想證明自己的能力**，不管分數好不好，這種態度卻是珍貴的。

往後的日子裡，每當偉偉出現一些負面的行為，我常拿這件事出來聊。**我希望他知道自己其實是可以認真的，是可以努力的**，而且那種感覺是愉快的。

當偉偉寫完拿來讓我批改，他很專注的站在一旁。批改完的成績是八十幾分，我很驚訝，也很高興，可是更高興的是站在一旁的主角，雖然嘴巴沒說，可是那眼睛只剩兩條弧線的笑容說明了一切。

完成不可能的任務

在偉偉的學習態度改變後，進度順暢了許多，於是我調整課輔的方式。

那本學習「分數」的本子不再只是上課的教材，也成為回家功課，但不管是在課堂中或是回家，最基本的進度都已變成一回。

另外，我挪出三分之一的時間，陪他做現在的功課，畢竟除了落後的能力要拉上外，現有該學好的也不能荒廢。

每週陪偉偉的時間相同，但花費的氣力卻越來越少，從一開始每道題目的講解、提示，到後來每堂課至少有一半的時間，我都處於觀察及單純陪伴的角色。

我觀察偉偉的神情與學習狀況，原來他除了缺乏耐心外，更大的致命傷是粗心大意和不知變通，這樣的狀況會使他原來胸有成竹的題目，意外的失誤。這些問題，偉偉自己後來也發現到，但要如何克服，將是他自己很大的一個課題。

除去偶爾會擔心的心情，靜靜地陪在偉偉身邊，其實是件很滿足的事。

一個原本豪放不羈的孩子，卻在我眼前露出專注且認真的神情，一題一題的解著被認為與他最不搭的數學。

偶爾停筆思索，偶爾奮筆疾書，有時怕他會悶，總想隨意與他聊個幾句，卻又怕自己打斷了他的思考與專注。

久了，除了滿足，覺得這樣看著一個孩子認真，還是一種幸福。

可是我總覺得這樣還不夠，這樣滿足與幸福的心情不該只有我獨享，為什麼不試著讓其他的老師、長輩都看到他認真的一面。

不是要他刻意表現，而是試著去把該做的事、對的事好好的努力一番，讓別人知道，偉偉其實不是一個天生散漫的孩子。

最後一次月考前一個禮拜，「分數」的進度終於上完，在結束最後一回的批改與訂正後，偉偉相當興奮的問我：「老師，這本可以給我嗎？」

「為什麼？」

「給我當紀念啊，這是我第一次寫完整本的數學耶！」

聽完，我笑著把本子遞給他。

對他而言，應該覺得自己完成了一個不可能的任務吧！

第三次月考前，偉偉訂了個數學八十分的標準給我，這是他覺得自己目前可以達到的程度。

成績出來的那天，偉偉笑著走來跟我報告成績，雖然沒有達到目標，但七十分的成績一樣讓我替他感到高興。

因為相信他已體驗到認真與否的差別了，而他自己開心的笑著，應該除了高興外，更讓自己鬆了一口氣，因為他終於擺脫三十分的世界了！

學期結束，代表我的任務也結束了。我幫我們買了一件相同的衣服，在最後一堂課輔時，我把這件「父子裝」送給他，並一起換上，拍了些合照。

希望以後偉偉看見時，不是單單想起我，而是想起一些我們曾經聊過的話題，一些我對他的叮嚀，還有一些我們經歷過的事。

失去溫柔的言語

在陪偉偉的這段時間裡，我深刻體會到言語傷人的不舒服，短短一個多月，我就經歷了兩次難忘的經驗。

開始幫偉偉課輔的一個禮拜後，鄉裡舉辦全鄉的學測，不理想的成績與排名，讓偉偉成了被取笑的目標。只是成為目標的原因，竟有一半是因為我幫他課輔。

成績公布當天，我才走到辦公室前面，偉偉的同學大笑的跑來跟我說：「尉成老師，你知道偉偉的數學考幾分嗎？才考ＸＸ分耶！你知道他全鄉排第幾名嗎？倒數的耶！老師你一定很難過、覺得很丟臉對不對？你都在幫他上課了，他卻還是這麼爛，哈哈哈……」

整個過程，我一句話都還來不及說，那孩子卻立刻在取笑完後，很沒禮貌的跑走了。

沒想到午休鐘響後，偉偉才踏進辦公室，準備要找我，一位看見他的同事，也立刻對他說：「偉偉啊！厚，你怎麼會考這麼爛，枉費你尉成老師這麼認真在教你，你怎麼考這種成績？」

那一刻我傻了，不管大人、小孩都說著一樣的話語。

心疼偉偉的我，隨便敷衍同事幾句後，就急忙帶著他離開辦公室了。

離開後，我開始思考，大家是否誤解了什麼？我不是名師，幫偉偉課輔也不是為了要他考一百分。**課輔的重點不是目前的課業，而是幫他將不足的能力拉上來**。

前後才一個禮拜，你冀望一個孩子能力達到多大的改變？如果孩子的能力這麼好，又何需我們的幫忙呢？

同事的關注成了我想排除的事物之一，為了避免偉偉常遭受這樣的質問，有段時間，我不再讓偉偉到辦公室找我。要上課輔時，便直接到班上將他帶到無人的教室。

只是相較於另一件，這件事算輕微的了。

如刀般銳利

第三次月考成績出來的當天，偉偉向我報告成績，當我們沉浸在快樂的情緒裡，還不到五分鐘，一位剛走進辦公室的同事，關心的問了偉偉成績，沒想到當偉偉開心與她分享後，她對偉偉說：「ㄏㄚˊ，你怎麼才考這樣？你一定都沒認真讀書，才會考這樣！你尉成老師花了這麼多時間教你，你怎麼對得起他?!」

一瞬間，偉偉的笑臉垮了，我的臉也垮了。

偉偉辛苦建立的信心與成就感，瞬間完全崩塌了。

我趕緊將偉偉叫回身邊，並試著轉移話題，只是不管我怎麼說笑，偉偉臉上的那份成就感已經不在了。

當阿公來接他回家時，儘管佑仲老師和我當著阿公的面，針對偉偉這次的考試結果，誠懇且認真的誇獎了一番，卻只見他露出的笑容沒了興奮，反而多了些尷尬的味道。

學習除了分數，還有沒有其他重要的東西？對我來說，**除了知識，一些學習的態度，甚至是孩子的個性、觀念都更重要。**

從三十幾分到七十分，其實孩子已經進步很多了，這時如果多鼓勵他、給他一些正向的言語，孩子就會有再前進的動力，就能在他自己也沒察覺的情形下，從內而外的慢慢改變了自己。

言語殺傷力的可怕，就連大人有時都承受不住，更何況是個未成熟的心靈。《夜巡老師》水谷修在自己書中的序曾寫道：「請大家回顧一下自己過去的人生，溫柔的言語與悲哀的言語，哪一種你們接收的比較多？……溫柔早已被遺忘，整個世界充滿了不幸和憎恨……」

「我聽見許多年輕人的哀號，這些年輕人絕大多數，生活在父母、老師和一些大人嚴苛的語言暴力中。他們失去自信，為自己沒有存在的意義而感到失望。」

可以的話，多給孩子們一些鼓勵吧！不是要虛偽的什麼都說「好棒！」而是該糾正的時候要糾正，但當孩子有改進或進步時，哪怕是一點點，只要你願意誠心的給他鼓勵，孩子一定會感受到你的關懷與支持，然後繼續讓自己越來越好！

闖了禍

元旦過後沒幾天，偉偉在課堂上用言語頂撞導師，在還來不及了解來龍去脈前，我已經陷入罪惡感的桎梏。

事情發生隔天，剛踏入辦公室，同事們正說著這件事，我還搞不清楚原委，同事對我說：「偉偉都被你寵壞了！你對他太好，讓他現在跟老師講話都沒大沒小！」

當時我腦袋突然空白了，唯一記得的是要保持笑容，避免因為我的茫然，而讓氣氛更尷尬。

佑仲老師後來把事情說給我聽，從他當時的用詞與情緒，我可以感受到他的憤怒，即使事情已過了一天，當佑仲娓娓道來時，依舊掩藏不住激動。

突如其來的事件，讓我暫停了當天對偉偉的課輔。

下班回家的路上，遠離了孩子們後，我不斷的思考整件事情，直到回家、直到睡覺，直到天越來越亮……

打從回學校實習，我毫不遮掩對偉偉的關心後，總會聽到同事對我說：「你對他太好了！」「你太寵他了！」

當我幫他課輔的這一個多月，聽到這些話的機會更是頻繁。可是當時我從不以為意，只是一股腦兒的想去做我認為對的事情。沒想到，如今還沒看到結果，我對偉偉的好卻已經先寵壞了他，讓他模糊學生與老師之間那條屬於「尊重」的界線，讓他成為一個目無尊長，會與老師針鋒相對的孩子。

揮之不去的掙扎

發生這件事情後，我應該就此打住，才是上策。

但思索許久，我寫了封信給佑仲老師，除了道歉與感謝他的包容外，也請他讓我把這件事做完，因為離學期結束只剩兩三個禮拜，我不希望讓孩子感受到被放棄。

等學期結束，我決定不再主動接觸偉偉，因為這樣對偉偉、對佑仲都不好。六下，我也選擇不再主動與佑仲老師聊起偉偉，但貼心的佑仲，卻一如往常，與我分享偉偉的學習點滴。只是每次笑笑與他聊完後，一轉身，卻是滿腦子的內疚與罪惡感，因為我總會想起自己闖下的禍。

回頭想想，也許一開始就是個錯誤。沒尊重佑仲老師的意見，又仗著與他的交情，強硬進入一個導師的專業範圍，還好自己遇見的是佑仲，換成別人應該早已在心裡氣到不行了吧！而蒙蔽我、推使我如此任性的，或許是一份不自覺的自大，我以為只有我能改變這孩子些什麼，或是這孩子會為我而改變些什麼。改變是有了，只是沒想到會是如此的結果。

一意孤行、膽大妄為，太過堅持己見的個性，結果還是造成身邊人的困擾。年輕、經驗不足，卻又似乎很有想法的堅持某些理念，果然行不通，要當一個老師，看來我還要學習的東西太多太多了。

矛盾的愛

五下，畢業典禮的隔天，偉偉跑來問我：「老師，昨天畢業典禮的時候，佑仲老師為什麼會哭啊？」

「因為有感情了啊！想到他們要畢業、離開，佑仲老師心裡有很多感觸吧！」

「那我們六年級再給佑仲老師教好了！」

「為什麼？」我疑惑著問。

「讓他再哭一次啊！呵呵。」偉偉笑著說。

「可是你不怕佑仲老師了嗎？」我邊笑邊問著。

「嗯……不知道耶！」

六上，偉偉的「希望」成真了，佑仲如他所願的成為他們的導師，只是這成真的「希望」卻讓偉偉產生一份矛盾的愛。

耶誕節前，一天中午的課輔時，偉偉的情緒顯得低落。我停下課程，想與他聊聊。

原來，偉偉覺得佑仲老師好像總是故意找他麻煩，總是在同學的面前直接數落他的不是。明白自己錯在先的偉偉，卻把佑仲的教導與關心，解讀成故意讓他難堪。

那一節課，與偉偉的深談裡，我希望他明白佑仲同我一樣關心他，如果不關心他，又何必在乎你行為對不對，觀念、態度對不對；如果不喜歡他，又何必把一些重要的工作交給他負責。與其浪費口水，不如視而不見。

可是他對兩個同樣關心他的老師卻不公平，因為他總是讓我看見許多他好的一面，卻不願把相同的好讓佑仲看見。

那次深談後，原以為讓偉偉放下偏差的想法，卻沒想到元旦過後沒幾天，就發生偉偉在課堂上頂撞佑仲老師的事。

頂撞事件後的第一節課輔，我沒有上課，我想與偉偉就整件事，從頭到尾好好聊聊。除了與他溝通尊師重道的觀念，我們也聊了許多佑仲老師一直以來與他之間的互動，有高興的、有趣的，當然也有不愉快的。

快下課前，我問了偉偉一句話：「現在還會討厭佑仲老師嗎？」

沉默一下的偉偉，看著桌面，緩緩地吐出：

「嗯……有時候很喜歡，有時候很討厭。」

偉偉的反應，就如同佑仲曾自我解析的——被他教過的學生，對他是又愛又恨；愛他的多元教學經驗、文武全才，恨他的嚴格教學與要求。

我與佑仲，兩個同樣關心偉偉的老師，在他心中卻是完全不同的地位，佑仲如神、如偶像，什麼都厲害。有陣子偉偉常會問我一些類似的問題：「尉成老師，佑仲老師會XX，你會嗎？」相較於佑仲，我像鄰居，平易卻也平凡。

也因此，在陪伴偉偉的時間裡，發現往往佑仲一句稱讚勝過我十句鼓勵。私底下，我常常轉述佑仲與我聊天時，對他的讚美給偉偉聽，每次聽到佑仲對他的肯定時，偉偉總會露出他最燦爛的笑容說：

「真的嗎？佑仲老師真的這麼說喔？」

每一次，我都可以從偉偉的笑容裡，感受到佑仲的讚美對孩子的重要。

六下，當我不再環繞在偉偉的身旁時，偉偉與佑仲之間的關係越來越好，不再聽見衝突，多的是許多快樂與有趣的事。

畢業典禮當天，當同事描述偉偉在典禮開始前，靜靜地在辦公室跟著佑仲，臉上卻有著難以言喻的表情時，我知道，偉偉心中原本那份對佑仲老師矛盾的愛，已經不再矛盾。

關心，開始被動

闖禍過後，我反覆思索，我決定在六上學期結束後，改變與偉偉互動的模式。

收起寵壞偉偉的過度保護，我選擇被動的關懷，不再主動替他擔憂品行和課業，避免繼續干擾佑仲的教學，也試著轉換對孩子的信任，相信他已經開始學習對自我負責，懂得如何讓自己走在對的路上。

而我僅剩的關懷，只留待當他需要我的幫助，主動找我時，我會毫無保留的陪他聊聊，陪他一起設法解決問題。

事實上，我一點都沒有把握偉偉會主動與我聯絡，因為我從來不知道，在偉偉的心中到底如何定位我。學習著忍住對他關心的過程裡，我終於意識到自己太寵他。如此擔憂一個孩子，確實是保護過度了！

也許是巧合，也許是默契，在接下來一個學期，偶爾晚上突然想起偉偉，想知道他最近好不好時，他總會剛好也打電話給我。

只是偉偉大都不是因為需要我的幫助，而是單純與我分享他的生活，告訴我最近英語補習班成績不錯，告訴我最近看了一部好電影、好連續劇，告訴我最近在學校做了哪些有趣的事。

原來，距離也是種美感，不再過度保護偉偉，才發現這孩子是懂事的，是會給我很多驚奇的，比如他所欣賞的電影或電視劇類型，與他給大眾的刻板印象是如此不搭。習慣了這樣的模式後，我才想通一個道理。

不管我多關心偉偉、多疼偉偉，都不可能這樣保護他一輩子。沒有我，他的人生還是會繼續，還是會體會很多新的事物，也會遇到挫折、困難。對他而言最重要的是，他會自己從中去強壯、去領悟、去學習屬於他自己的人生經驗和信念。

而**我該做的，不是無微不至的呵護，是靜靜地看著他，在他偶爾偏差時提醒他；在他確實需要我協助他時，陪他一起想辦法。**

隨著孩子的成長，為人父母也該學會慢慢放手。放手不是毫不關心，而是留些空間讓孩子去成長、去摸索、去體驗。當孩子羽毛豐厚了，本來就該讓他自由的去看看這世界的美好，不是嗎？

學習與爸爸溝通

悶熱的午後，電話那頭的偉偉聲音帶著鬱悶，我想這小子有煩惱了！

「老師，你有沒有辦法，可以讓爸爸答應我留在這裡讀國中？」

因為父母親工作的關係，偉偉從小與他們相隔兩地，他由爺爺奶奶帶大，唯一有機會與父母親長時間相聚，就在寒、暑假，長則一個月，短則幾天。

去年暑假，偉偉從台北回來後，決定要到台北讀書，因為他發現自己很想爸爸媽媽，於是基於國中規定：「在戶籍地超過半年，方可註冊就讀」的條件下，上學期一開學，偉偉的戶籍就轉去台北了。

「告訴老師，為什麼要留在這裡讀？」

「我怕在台北讀書的壓力太大，水準跟不上別人，而且那裡我都沒有朋友，一個認識的人都沒有。」

在問之前，原因我大概已經猜到，因為孩子都一樣，要畢業了，最關心的話題就是自己的同學、好朋友要去讀哪所國中，希望自己也可以讀同樣的學校，最好分班也可以在一起。

其實我心裡，還是很想鼓勵他勇敢的去台北讀書，可是偉偉的心情已經超低落。大道理和開示還是省起來，先陪他把問題解決吧！

「你跟爸爸談過了嗎？」

「沒有，因為我怕他生氣。」

「那你在擔心什麼？去台北讀書不是爸爸逼你的，所以說不定爸爸很尊重你的意見喔！」

「嗯。」

「那你要不要先跟爸爸好好談過後，真的不行，再來煩惱。」

「那我要怎麼說？」

觀察過偉偉平常與爺爺講話的樣子，以這件事來說，他應該會這樣說：「厚，阿我就想在這裡讀啊！」所以我跟偉偉建議，跟爸爸溝通時，除了**時間點要對**，對話不可以這麼任性。

如果希望爸爸認同你的想法，就要讓爸爸感覺到偉偉長大了，有自己的想法。所以請你用跟老師說話時相同的態度，好好地說，**將自己的想法完整的**、**清楚的表達**，我相信你爸爸是可以接受的，就算沒有馬上答應，至少應該有商量的機會。

後續的發展，偉偉的爸媽雖然不捨，可是商量過後，還是答應偉偉的要求。只是沒想到偉偉想讀的學校也有相同的規定，而離畢業只剩兩三個月，戶籍再轉回來已經來不及，最後偉偉還是到台北讀書。

事情底定，偉偉雖接受，卻依舊有點失落，我只好再下點功夫，助他轉念。

我寫了信，放進一個「追分成功」的守護學業護身符裡：

到一個陌生的地方，每個人都會有跟你一樣的恐懼，因為新地方沒有熟悉的朋友，可是我們不可能一輩子都待在同一個地方，環境的轉換在人生中是很常發生的事。所以與其害怕，不如大方去看看，說不定會交到比現在更好的朋友，就像老師一樣，如果五年前沒來到這個陌生的小學，又怎麼會認識一群臭味相投，指引、支持我往夢想前進的好朋友，又怎麼會認識一個跟自己這麼有默契的偉偉呢？

我們走過比孩子還長很多的歲月，看過許多人生的喜怒哀樂，所以我們總擔心孩子的發展和將來，我們總不知不覺地想替孩子做很多決定，卻忘了我們自己小時候，也許也曾無奈於父母親的作主。

有些時候，孩子面臨的抉擇不是只有單純的對錯。對偉偉而言，誰又敢肯定在哪裡讀書才是真的對他最好，因為人生很奇妙，每一步都會是個轉折。誰敢斷定分別在這兩個地方讀書的偉偉，將來會蛻變成怎樣的人。

既然大人不能斷定，不如**把決定權還給孩子。只要確定他是經自己深思熟慮過後的，**至於怎麼選都好，**大人該做的，只有傾聽、尊重，然後提醒他，決定是自己下的，記得後果要自己承擔。**

孩子獲得被尊重與自主的快樂，大人得到一個會思考、懂事，肯與我們商量的孩子，這應該也算是雙贏吧！

我當你兒子好不好？

「老師，我當你兒子好不好？」

星期一下午，坐在辦公室裡，正忙著整備學生畢業典禮的佑仲，拿了一疊照片給我。

我一打開，原來是偉偉他們小時候的照片。看著照片中每位孩子的身影，以及偶爾出現的尉成哥哥，突然自己的回憶也回到那時候，原來這班孩子小時候都好可愛，但是不免偏心的，我大部分的目光都集中在偉偉身上。

偉偉這孩子，這兩年按照一般人的標準來看，不算是個好孩子，有時惹禍起來，甚至會被當成壞孩子。學業成績不佳，學習態度隨便，甚至可以說是痞子，說話粗俗，還帶點髒字，偶爾發生的破壞和暴力事件，光是個人表現，已經讓學校老師們搖頭，偏偏偉偉還具備領導者的特質，有時他無意帶領大家做些不對的事，可是他表現出來的一言一行，卻常成為模仿的焦點。這樣的偉偉，讓老師們難以招架。

我在偉偉剛升三年級時退伍離開，再回學校實習，已經是他升五年級的事。剛回來時，每次聽到主任、同事們對偉偉的評論，我都覺得難以置信，可是看著他們緊皺眉頭、搖著頭嘆氣的模樣，我還真怕這孩子已經不是我心中的偉偉了。

可是，也許是我當替代役時與他的感情還在。當我上課時，他總是很捧場，互動良好、反應佳；當我需要幫忙時，他會自願來幫我；在我面前，即使不是跟我對話，他都可以忍住那些不雅的字眼；當他有疑問，總喜歡私底下與我討論；下課時，有時無聊的他，總會走到我代課的班級、上課的教室或辦公室裡，與我說幾句話。

很多兩人之間的默契與事蹟，讓我對他的關心與日俱增，雖然他的問題行為還是時有所聞。

那年實習快結束時，一天下課，當我們兩人聊著天。

偉偉突然問我：「老師，我當你兒子好不好？」

我笑著說：「不行，你以前叫我哥哥，所以你可以當我弟弟。」

「我不要，因為你會打你弟弟！」偉偉皺著眉頭說。

聽完，我大笑起來，因為我曾經跟他說過，我小弟不乖時都會被我體罰。

後來我常想起「老師，我當你兒子好不好？」這句偉偉說過的話，不管他是開玩笑或突然想到，但對我而言是個感動。相較於他表現在其他師長面前的行為，我寧願相信在我面前的偉偉，是個更貼近他內心實貌的孩子。

照片看到一半時，偉偉走進辦公室，我們閒聊幾句。我抓住偉偉，呵他癢，無力抵抗的偉偉癱坐在沙發上，無法停止的爽朗笑聲，加上笑到只剩兩道弧線的眼睛，剎那間心中突然有些感嘆，我們有多久沒有這樣單純的玩鬧了？

無須說出口的默契

再回學校的這兩年，我們之間有個沒說出口的默契，在眾人面前，尤其是其他孩子面前，我們會保持一定的距離。

偉偉不喜歡同學們覺得他跟我很好，我也必須顧慮其他孩子的想法，畢竟一個老師太偏袒一位學生不太好。

這默契導致後來我必須公開的單獨找他時，不是為了他的課業，就是為了他闖禍的事。單純的嬉鬧互動少了，取而代之的是許多沉重的生活、人生課題。

其實，我也要感謝偉偉，在陪他、關心他的過程裡，他讓我學到很多。

尤其當自己真的視他如己出，把他當兒子在看待時，我努力在學習與體會當父母的心情與難處。雖然我沒有天天陪他，不用照顧他的生活起居，但還是讓我體會不少為人父母的心境。

偉偉是一個學業表現不佳，個性又豪放不羈的孩子，我只擔心一旦他沒能遇上願意關心、引導他的大人，在面對眾多鄙視與否定時，有天他會真的變壞。

所以後來我決定在部落格上，將與偉偉之間的一些回憶寫下，從初次相見到將離別，當成一份畢業禮物。

如今已高中生的偉偉，不曉得看過這些文章了沒？這麼多年過去了，是否還記得這些片段？

我一直在心中期許，有天如果他真遇到人生迷惑的時刻，希望這些回憶可以給他力量，可以想起曾有個老師關心過他，而他曾答應那個老師：「不要變壞，要當一個好人！」

拍下背影

二〇〇七年六月二十三日，偉偉他們終於要畢業了！

一早，趕著八點前到校，雖然這次畢業典禮，學校並沒有排任何工作給我，可是我心裡並不想錯過任何一個時刻，因為這班孩子對我而言有特別的意義。

進了校門，車才停好，就遇見他們正在打掃環境，我笑著跟他們打聲招呼，眼角餘光卻瞧見偉偉撇過頭，悄悄地躲在一旁。

我走了過去，如同往常的勾住他的脖子，與他嬉鬧一下，這才見他又有了笑容，只是當時我還沒察覺偉偉的情緒變化。

典禮開始前夕，眼見來賓已陸續入座，在外頭準備進場的畢業生卻顯得有些紊亂，忙碌的佑仲老師直到最後這一刻還在奔波，於是我走到外頭，想提醒孩子們注意自己的秩序，順便跟他們說些話。

正當孩子們都看著我、聽我說話時，我的眼角再次看見，站在最右前方的偉偉又轉過頭、側過身，甚至偷偷離了些距離。

於是，我分心了，雖然嘴裡依舊說著話，目光卻都偷偷地注意著偉偉，而偉偉偶爾也會抬頭偷看我。

在那幾次四目交接裡，從偉偉的表情和眼神，我感受到偉偉的異樣，離別的思緒看來早已偷偷占滿他的心。

當下心裡想的，是想過去看看他，陪他好好說幾句話，讓他去發洩自己的心情。可惜尉成老師是俗辣，最不敢處理這種情緒，因為我怕自己也會受不了……

典禮開始，隨著流程慢慢前進，坐在一旁觀禮的我，不知不覺偏心了，因為我的目光後來都在偉偉的身上。

我不是在乎他有沒有拿獎，而是想好好的看著他經歷自己的畢業典禮。

過程裡，我偷偷地拍下一張偉偉背影的照片，一旁不解的同事問我：「為什麼不拍正面？」

我笑著沒回答，但心裡想的是：**今後我不再是在前方牽引他的人，而是在後面靜靜陪他，偶爾需要時推他一把的人。背影將成為我要熟悉的畫面。**

我是唯一注意到的人

流程來到導師致詞，當佑仲上台還講不到幾句話，坐在椅子上的偉偉彎下了腰、低下了頭，因為他哭了，只是好面子的他，怕被同學看見他哭泣的臉。

我想我應該是全場唯一注意到，也知道這件事的人。

一來偉偉本來就不是這種場合的焦點，二來他給大家的形象從不是如此重感情的孩子。

而坐在偉偉身旁的同學應該是嚇到了，先是傻傻地看著他一段時間後，才出手拍拍他的背、安撫他。

眼見著偉偉哭到有點無法自已，當下我好想走到他的身旁，摸摸他的頭、拍拍他的背，在耳邊輕輕地告訴他：「**抬起頭來，不管哭得多醜，要勇敢的看著自己的畢業典禮，因為這是你一生只有一次的國小畢業典禮！**」

可是我不能這麼做，因為會影響整個典禮的目光，所以我只能靜靜地、靜靜地看著他的背影，直到可愛的畢業主題歌聲響起，才見到偉偉破涕為笑。

典禮結束後，我偷偷請偉偉留下，將自己特地準備的畢業禮物送給他。拉他一起拍了張合照，最後還跟他要了一個擁抱。詞窮的我，不曉得最後這一刻該對他說些什麼，只好希望這個擁抱，會讓他懂得老師的關心與叮嚀。

這輩子到目前為止，我參加過六次學生的畢業典禮，每次的心情和身分都不太一樣。這次，感覺自己是抱著家長的心情前來，看著自己的孩子長大、結束人生的一個小階段，邁向另一個階段前進，也代表我所能為偉偉做的，也告一段落了。

偉偉，天下無不散的筵席，遠去台北讀書的你，老師不可能一如往常的陪你，卻也期待著有一天，當你度過青春期的尷尬後，我們之間可以如同老師之前陪伴過的孩子一樣，有空時一起吃個飯、看場電影，一起分享你的青澀戀情，和每段沒見面的時間裡，所有生活的酸甜苦辣。

比「會讀書」更重要的事

偉偉，老師其實一直想著，畢業那天應該親口跟你說聲謝謝的。

可以陪伴你的日子裡，我常以為自己可以給你些什麼，好像自己多了不起似的，可是每次當自己靜靜地想起你時，總會發現，卻是你給了老師許多，除了回憶，還有很多想法與觀念。

天資不差、反應快、學業成績卻不佳，不符合一般大人心中好學生標準的你，卻意外的讓老師非常疼惜。**雖然疼惜，老師卻一樣用著世俗的眼光去對待你。**

有段時間，老師只是執著於希望你的學業成績要很好，也許是因為不喜歡大人們總是只說你負面的評語，希望每個大人都會知道偉偉的善良與貼心。

「老師，我當你兒子好不好？」

反省過後，我一直問自己：「如果這就是我的寶貝兒子，我該怎麼去陪伴他？」每個孩子小時候，父母總覺得孩子是最棒、最聰明的，所以總給予許多讚美和微笑；等開始上學了，一旦表現不如自己的期待，尤其是學業成績，慢慢地，讚美少了，換來的是越來越多的嚴厲苛責。

所以，如果我的孩子就是不喜歡讀書怎麼辦？就是一般人所謂的笨怎麼辦？也許**我們該先學著去接受自己的孩子，然後應該有比「會讀書」更重要的事吧**？懂得為人處世，學會是非判斷，知道如何讓自己成為一個好人，然後很懂得如何去愛人、去為別人想，而不是成為一個看似很有才情，卻自私自利、目中無人，或是脆弱到成為名副其實的草莓族一般。

只是很抱歉，老師後來沒有把你教得很好。經驗不足，讓空有想法的我，把你寵壞了！雖然後來沒有幫上你的忙，但卻讓老師因為這些事件又學習到很多事情，而且不只是與孩子相處方面，還有與人相處方面。

畢業典禮那天，當老師靜靜地坐在一旁看著你時，我都覺得自己還在學習。學習去感受孩子的成長，學習去接受孩子離開自己，邁向自己人生的未來旅程。

當看著你低頭啜泣的背影，我知道你又長大了些，即使你依舊習慣在同學面前說著粗俗的言語，但我知道你學會了離別的情緒，學會不捨與珍惜。

一轉眼，不曉得你已經習慣了嗎？是否依然會想回南部來讀書呢？畢業後到現在，偶爾幾次的來電裡，老師總是開心的與你聊著新生活，一方面是真的開心，因為你還會想到老師；另一方面，我希望利用開心的與你聊新生活，能讓你覺得適應新生活，其實並不如你當初所設想的那樣困難。

要加油喔，偉偉！要熬過這段容易徬徨失措、迷失自我的階段，當大人們冠予你「叛逆期」的罪名時，要學著不被這麼理所當然的認為著，要去學會判斷與思考對錯及是非，讓自己做對的事，讓自己未來想起，不會充滿後悔與悔恨。

接下來，如同老師在前一篇文章所說的，老師會期待著有一天，當你青澀的尷尬期過去了，我們可以更沒有隔閡的，一起去看一部電影，一起坐在同一張桌上吃飯，一起

【後記】是夢想，是從小的夢想！

蹲在補習班準備國小師資班的那一年，面對來自四面八方、各行各業的同學，大家免不了會互相了解想當國小老師的原因，當時由於自己鮮少與人互動，幸運的往往可以只聽不答。

後來有次在斗南搭火車準備到嘉義補習時，一個補習班的同學突然熱心的跟我分享，幾乎每天都搭火車的話其實買月票比較划算，因為有了交談，所以那次我們就結伴一起搭火車去補習，在車上聊開了，才發現原來她是我的國中學妹，就在一種他鄉遇故知的開心下，沒多久學妹卻突然問了我：「為什麼要當國小老師？」當下我停頓了幾秒後，吞下了我心中真正的答案，然後隨便搪塞過去，好讓下一個話題快點來到。

當天晚上由於老師多講了些時間，等下課後已經有些晚了，月台上的人群幾乎只剩我們這些補習班的學生，我明白免不了又會遇到學妹，於是刻意往月台較前面的地方等車。我心虛，因為我說謊。

火車來之前，我一個人站在離人群有些距離的地方，夜晚的車站不若白天時的喧鬧，於是「為什麼要當國小老師？」這問題又偷偷的浮上心頭，我懊惱著為什麼自己真實的想法這麼難說出口？是因為我們都已經長大，不適合太天真的論調嗎？

是夢想，是我從小的夢想。

記得國小時，第一次看到電影「魯冰花」就深深著迷。國小三年級時，我透過考試進入了學校當時成立的第一屆美術班就讀，沒多久我就發現同學們有些家庭背景不錯，每次不管是校內還是對外比賽，不管是演講還是畫畫比賽，代表班上的總是那幾個固定名單。那時小小的心靈總以為自己是古阿明，空有才能卻無處伸展，只因為身份背景決定了機會。後來長大了，回頭再翻著國小時的畢業作品冊，看著那些常出去比賽的同學作品，再看看自己，我才明白不是自己遭埋沒，而是那些同學真的畫得很好，這件事才漸漸釋懷。

而在以為自己是古阿明的同時，我更深深受劇中的郭雲天老師感動，那股不畏強權、力挺古阿明的正義，也拯救了我當時覺得不公平又不敢表達的幼小心理，於是我更發願，長大後我要成為和郭雲天一樣的老師，我要讓不同才能的孩子都能有機會展現自己擅長的一面，我要讓勇於嘗試的孩子都能有機會站上自己想要的舞台，我要讓每個孩子都不要有古阿明的遭遇，我要勇於不受孩子的背景、家長的權力的影響，讓每個孩子得到公平的對待。

往後好長一段時間，只要看電視有轉到「魯冰花」重播時，總會停下手中的遙控器，即使不能看完，可以看它幾分鐘也好，即使夢想後來有段時間消失了，但那份感動卻始終不曾減弱。

國小畢業後，一路經歷國中、五專、插大，雖然不算太順利，但最後大學終於和自己的興趣結合，雖然小時候的夢想消失，但小時候的興趣至少一路走來始終陪伴，我也以為未來應該就往這個方向前進了。

大學畢業前夕，有天傍晚我和當時影響我很多的邱永中老師，在辦公室輕鬆的師生閒聊，聊著聊著，才發現我們都曾受「魯冰花」影響，都曾夢想著自己會成為一個國小老師。在好山好水的偏遠小學校，享受著教育的樂趣。那一瞬間，那個以為已經不見的夢想，卻又突然冒出了頭。

也許是老天爺的調皮安排，退伍後我服了替代役，原本是歸屬重建會，卻在重建會的規劃下，被撥分給教育役，就這樣，出乎意料的，我開始來到自己踏入教育界的開始，因為在那所學校認識了一群很熱血的教師朋友，參與了很多跟教育相關的事務，認識了很多不同的孩子，於是我的教師夢開始重新燃燒，最後在好友佑仲老師的分享和支持下，退伍後我考上了嘉義大學的國小師資班、通過教師檢定拿到了國小教師證，然後流浪至今，一轉眼，如果從替代役算起，不知不覺進入教育界都已經十一年了。

流浪這麼多年，身邊親友的關切自然無法避免，尤其每年七月面臨失業又要不斷參加教師甄試的時候，相同的話題都要回答好幾遍，而撇開親友的關心不談，自己其實也曾因為一直考不上正式老師而失意懊惱，尤其一開始還曾固執的堅持想考回服替代役時的學校，和這群老朋友一起當同事。

直到有一年，我筆試分數太差，差到連代課分發都排不到，失落之餘，興起了離開教育界的念頭，我開始在求職網站投履歷、面試，最後總不了了之。後來那年政府提出了「短期就業促進人員」，在生活壓力下不得不姑且一試，諷刺的是，我居然是在這樣的身分下回到了那所讓自己執著的學校。

那樣的身分維持了幾個月，工作內容除了一些打雜工作，還有部分是輔導學習成果不佳的孩子，在那每節課陪著孩子慢慢補救學習的過程裡，我開始不斷的和自己對話：是為了想當正式老師而想當老師？還是喜歡教育而想當老師？進入這個領域如果能成為正式老師，那當然是很甜美的果實，在教學上也更能專心一致，不用每年都掛心著過完了這一年，那下一年呢？但與其每年這樣焦慮的想著，不如就全心全意，享受自己教學的過程吧！

我開始展開與老天爺的對話：找不到其他工作，也許是注定要吃教育這行飯；一直回不去想去的學校，也許是老天爺要告訴我，外面的天地還有很多新奇的面貌；考不上正式老師，也許是老天爺認為我能力不足，需要再多磨練，多學習，等有天我武功祕笈都練好了，自然可以好好準備成為一個正式老師。有趣的是當我不再執著時，每一年的學校、每一年遇見的學生，總會有讓自己大受打擊的事件，可是往往等自己到了任務即將結束時，才發現自己又帶著豐收的教學經驗和孩子濃厚的情感，滿懷著感謝與不捨離開，尤其每次當聽到朋友抱怨自己代課遇到不好的長官或同事時，我卻總感謝老天爺的疼愛，讓我遇見一位又一位疼愛我的長官，一群又一群很照顧我又好相處的同事。

走過了低潮，掙扎過了疑惑，當自己重新為自己的夢想找到定位和步調後，一切似乎都單純到理直氣壯。問我為什麼不去外縣市代課？我可以直接告訴你，我喜歡自己的家鄉，即使待遇或許較不好；問我為什麼不去大學校代課？我可以直接告訴你，我喜歡小學校裡人與人之間的貼近和單純，不管是同事或孩子；當然如果你現在問我為什麼要當國小老師？我也會大聲的直接告訴你：「是夢想，是從小的夢想！」

國家圖書館預行編目資料

我的孩子們！／李尉成著. --初版. --臺北市：寶瓶文化, 2012. 09
面； 公分. --（catcher；50）
ISBN 978-986-6249-97-6（平裝）

1. 教育 2. 文集

520.7 101016172

catcher 050

我的孩子們！

作者／李尉成
主編／張純玲

發行人／張寶琴
社長兼總編輯／朱亞君
主編／張純玲・簡伊玲
編輯／禹鐘月・賴逸娟
美術主編／林慧雯
校對／張純玲・陳佩伶・劉素芬
企劃副理／蘇靜玲
業務經理／盧金城
財務主任／歐素琪 業務助理／林裕翔
出版者／寶瓶文化事業有限公司
地址／台北市110信義區基隆路一段180號8樓
電話／(02) 27494988 傳真／(02) 27495072
郵政劃撥／19446403 寶瓶文化事業有限公司
印刷廠／世和印製企業有限公司
總經銷／大和書報圖書股份有限公司 電話／(02) 89902588
地址／台北縣五股工業區五工五路2號 傳真／(02) 22997900
E-mail／aquarius@udngroup.com

法律顧問／理律法律事務所陳長文律師、蔣大中律師
如有破損或裝訂錯誤，請寄回本公司更換
著作完成日期／二〇一二年六月
初版一刷日期／二〇一二年九月
初版二刷日期／二〇一二年九月五日
ISBN／978-986-6249-97-6
定價／三〇〇元

AQUARIUS 寶瓶 文化事業

愛書人卡

感謝您熱心的為我們填寫，
對您的意見，我們會認真的加以參考，
希望寶瓶文化推出的每一本書，都能得到您的肯定與永遠的支持。

系列：catcher 050　**書名：我的孩子們！**

1. 姓名：__________　性別：□男　□女
2. 生日：_____年_____月_____日
3. 教育程度：□大學以上　□大學　□專科　□高中、高職　□高中職以下
4. 職業：__________
5. 聯絡地址：____________________

   聯絡電話：__________　手機：__________
6. E-mail信箱：____________________

   □同意　□不同意　免費獲得寶瓶文化叢書訊息
7. 購買日期：_____ 年 _____ 月 _____日
8. 您得知本書的管道：□報紙／雜誌　□電視／電台　□親友介紹　□逛書店　□網路

   □傳單／海報　□廣告　□其他
9. 您在哪裡買到本書：□書店，店名__________　□劃撥　□現場活動　□贈書

   □網路購書，網站名稱：__________　□其他__________
10. 對本書的建議：（請填代號　1. 滿意　2. 尚可　3. 再改進，請提供意見）

    內容：__________

    封面：__________

    編排：__________

    其他：__________

    綜合意見：____________________
11. 希望我們未來出版哪一類的書籍：____________________

讓文字與書寫的聲音大鳴大放

寶瓶文化事業有限公司

（請沿此虛線剪下）

廣告回函
北區郵政管理局登記
證北台字15345號
免貼郵票

寶瓶文化事業有限公司　收

110台北市信義區基隆路一段180號8樓

8F,180 KEELUNG RD.,SEC.1,

TAIPEI.(110)TAIWAN R.O.C.

（請沿虛線對折後寄回，謝謝）